Gut essen

Vorspeisen

Gut essen

Vorspeisen

Über 100 kalte und warme Köstlichkeiten

Pawlak

Autor und Bildredaktion: Helga Lederer, München
Gestaltung: Maasburg GmbH, München
Zeichnungen: Uschi Müller, München
Umschlaggestaltung: Bine Cordes, Weyarn
Printed in Italy
ISBN 3-88199-925-6

Inhalt

Vorwort

Am Anfang eines köstlichen Essens sollte eine kalte oder warme Vorspeise stehen. Sie soll Appetit machen und darf nicht zu üppig sein. Raffinierte kleine Gerichte aus exquisiten oder auch alltäglichen Zutaten, schnell, unkompliziert oder etwas aufwendiger zubereitet, der Kreativität sind hier keine Grenzen gesetzt. Die Vorspeise ist die liebenswerte Einleitung zu einem Menü, welches die Gäste in eine spannungsvolle Stimmung auf das kommende Essen versetzt soll. Die Vorspeise ist das "Entree", das Amuses gueules – oder das "Magentratzerl" das auf ein schönes Essen einstimmen soll. Der harmonische Ablauf eines Menüs sollte wie folgt aussehen: ein Amuses gueules – eine kalte Vorspeise – eine Suppe – eine warme Vorspeise – Hauptgericht – Käse und Dessert. Wenn man als Hauptgericht Fleisch serviert, kann die Vorspeise aus Fisch oder bunten appetitlichen Platten bestehen. Bei Fisch als Hauptgericht eignet sich Fleisch oder würzige Terrinen, duftente Pastete, knackige Salate mit leichten Kräuter-Vinaigrettes und leckeren Köstlichkeiten kombiniert. Heiße dampfende Suppen in kleinen Tässchen mit frischen Broten, warme Fischfilets, Meeresfrüchte, geräucherter Fisch, Carpaccio kombiniert mit Exoten oder pikante Leckereien aus Gemüse, Sülzchen mit Geflügel und zartem Gemüsen, der Fantasie sind keine Grenzen gesetzt. Frisches, in Streifen geschnittenes Gemüse in herrliche Saucen getaucht machen Appetit auf das folgende Essen. Mit Gemüsen und Salaten kann man zarte vitaminreiche, schnelle Vorspeisen oder köstliche Suppen vorbereiten. Ob luftige, leichte Soufflés, Puddings, appetitliche kleine Gerichte, internationale, exotische Kleinigkeiten oder pikant eingelegtes Gemüse; für jeden Geschmack und jede Gelegenheit ist etwas dabei. Hier kann man nur noch viel Spaß beim Nachkochen und guten Appetit wünschen.

Exotische Gemüse und Früchte

Aubergine – auch Eierfrucht genannt, hat eine dunkelviolette Schale und cremefarbenes Fleisch. Auberginen sollte man nie roh verzehren, sondern nur gekocht, geschmort, gegrillt oder fritiert.

Avocados – birnenförmige tropische Früchte mit Kern. Sie sind je nach Sorte hell- bis dunkelgrün, manchmal fast schwarz. Reife Avocados schmecken sahnigmild und leicht nußartig. Man kann sie mit salzigen und süßen Zutaten verarbeiten.

Friséesalat – ist der feinste unter den Endiviensalaten. Die Blätter sind kraus und wie aus zarter Spitze gewirkt, in weißlich-gelbgrüner Farbe. Der Salat ist von mildem Geschmack.

Kirschtomaten – auch Cocktail- oder Partytomaten genannt, kommen aus dem Mittelmeerraum und sind wegen ihres konzentrierten Aromas beliebt. Sie sind schön rot und haben Kirschgröße.

Kiwi – die Urheimat der Kiwi ist China, sie wird heute noch als "chinesische Stachelbeere" bezeichnet. Die Kiwi hat ein ausgeprägtes Aroma und schmeckt nach einer Mischung aus Stachelbeere, Melone und Erdbeere. Man muß sie vor Verwendung schälen. Sie kann als Dessert, zu Saucen und zu Fleisch, Fisch und Geflügel verwendet werden.

Limonen (Limetten) – sind eine kleine, dünnschalige, grüngelbe, sehr würzige Zitronenart mit glatter Oberfläche. Ihr Saft wird für Desserts, Saucen und Drinks verwendet.

Mango – ursprünglich in Indien beheimatet. Eine birnenförmige rote oder grüngelbe Frucht; der große flache Kern ist mit dem orangefarbenen Fruchtfleisch fest verwachsen. Das Fruchtfleisch ist hocharomatisch und der Geschmack liegt zwischen Aprikose und Ananas. Sie wird für Desserts, Saucen und Chutneys verwendet.

Mangold – ist mit dem Spinat verwandt. Das Gemüse hat einen breiten, weißen fleischigen Stiel und glänzende breite, kräftig grüne Blätter, die an Spinat erinnern. Sein Geschmack ist kräftiger als Spinat, die Blätter und die Stengel können als Gemüse verwendet werden.

Melonen – gehören zu den Kürbisgewächsen. Reife Melonen duften aromatisch und geben leicht nach, wenn man mit dem Daumen oben am Blütenansatz drückt. Es gibt unterschiedliche Arten wie z.B. Honig-, Zucker-, Kantalup-, Ogen- oder Netzmelonen. Das Fruchtfleisch ist honigsüß und unterschiedlich von gelb, orange bis zartgrün gefärbt. Sie finden Verwendung bei Desserts, Salaten und kalten Suppen.

Schalotten – sind eine Zwiebelart von leicht violetter Färbung, die ebenso wie der Knoblauch mehrere Zehen unter der obersten Haut aufweist.
Sojasprossen – werden aus der Sojabohne oder der Mungobohne gewonnen. Die Sojasprosse ist größer als die der Mungobohne. Man kann Sie für Salate oder als Gemüse zubereiten, als Salat sollten sie kurz blanchiert werden.

Spargel, grün – wächst im Gegensatz zum weißen oberirdisch und braucht kaum geschält zu werden. Die Enden sollte man allerdings abschneiden. Er ist zart und hat einen sehr interessanten Geschmack.

Zucchini – sind kürbisartige Gewächse und den Gurken ähnlich. Sie sind meist mittel- bis dunkelgrün, weiß gestreift oder gefleckt, es gibt auch gelbe Früchte. Die Zucchini haben roh einen nußartigen Geschmack. Kleine Früchte werden ungeschält in Scheiben oder Stifte geschnitten verarbeitet.

Aufbau der Rezepte

Die Rezepte sind, wenn nicht anders angegeben, für 4 Personen berechnet.
Die Zutaten sind in der Reihenfolge der Verwendung aufgelistet.
Die erstklassige Qualität von Fleisch und Zutaten sind eine Grundvoraussetzung für gutes Gelingen.
Frische Kräuter und Gewürze tragen ebenfalls zur geschmacklichen Steigerung bei.

Abkürzungen der Maßeinheiten:
g = Gramm
kg = Kilogramm
l = Liter
1 TL = 1 Teelöffel = 5 ml
1 EL = 1 Eßlöffel = 15 ml
1 Tasse = ca. 1/8 l = 125 ml = 125 g
1 Msp. = 1 Messerspitze
1 gestr. = 1 gestrichener
1 Weinglas = ca. 1/8 l = 125 ml
1 Schnapsglas = ca. 2 cl = 20 ml

Suppen als Vorspeise

Tomatencremesuppe

500 g Tomaten, 1 Zwiebel, 2 Knoblauchzehen, 2 EL Butter, 400 ml Rinderfond, 250 g Crème fraîche, 1 Bund Petersilie, 4 Eigelb, 2 EL Tomatenketchup, 1 TL Zucker, Salz, schwarzer Pfeffer. Zum Garnieren: 4 EL Crème fraîche

Die Tomaten kurz in kochendes Wasser tauchen, häuten, entkernen und in grobe Stücke teilen. Die Zwiebel und Knoblauchzehen schälen und fein würfeln. Die Butter in einem Topf erhitzen und die Zwiebel- und Knoblauchwürfel andünsten, dann die Tomaten dazugeben, umrühren. Mit dem Rinderfond aufgießen und 10 Minuten kochen lassen. Die Crème fraîche einrühren. Die Petersilie waschen, fein hacken und zur Suppe geben. Die Eigelbe verquirlen und unter die nicht mehr kochende Suppe rühren. Mit Tomatenketchup, dem Zucker, Salz und frisch gemahlenem Pfeffer abschmecken.

Die Suppe in eine vorgewärmte Terrine füllen, die Crème fraîche daraufgeben und mit einem Löffel vorsichtig durch die Crème fraîche hübsche Kreise ziehen.

Ochenschwanzsuppe mit Sherry

1 Dose klare Ochsenschwanzsuppe (400 ml), 4 cl Amontillado Sherry. Für die Käsestangen: 300 g tiefgefrorener Blätterteig. Zum Bestreichen: 1 Eigelb, 60 g geriebener Emmentaler Käse, 1 TL Paprika edelsüß, 1 Msp. schwarzer Pfeffer. Zum Bestreuen: Kümmel

Die Ochsenschwanzsuppe erhitzen und mit dem Sherry abschmecken. Für die Käsestangen den aufgetauten Blätterteig zu einer Platte von 20 x 40 cm ausrollen. Das Eigelb verrühren und mit einem Teil davon die Teigplatte bestreichen. Den geriebenen Käse auf die Hälfte der Teigplatte verteilen. Mit dem Paprika und dem frisch gemahlenen Pfeffer bestreuen. Die andere Hälfte darüber schlagen und mit einem Wellholz noch einige Male ausrollen. Den Teig in 1 cm dicke Streifen schneiden und diese zu Spiralen drehen. Mit dem restlichen Eigelb einstreichen und mit dem Kümmel bestreuen. Das Backblech mit kaltem Wasser befeuchten und die Käsestangen darauf legen. Bei 210 Grad C ca. 8 - 10 Minuten backen. Nach 6 - 8 Minuten die Farbe prüfen, sie dürfen nicht zu dunkel werden. Die Ochsenschwanzsuppe mit den noch warmen Käsestangen servieren.

Abbildung rechts

Spitzmorchelsuppe

300 g frische oder 25 g getrocknete Spitzmorcheln, 2 Kartoffeln, 1 Zwiebel, 1 Knoblauchzehe, 2 EL Butter, 800 ml Kalbsfond, 250 g Crème fraîche, 1 Bund Petersilie, 1 EL Speisestärke, 2 EL Wasser, 4 Eigelb, Salz, weißer Pfeffer, 1 Prise Zucker, 1 Prise geriebene Muskatnuß, 1 EL Weißwein, 200 g süße Sahne

Die frischen Pilze putzen und, falls notwendig, abbrausen und in Ringe aufschneiden. Die getrockneten Morcheln 20 Minuten in Wasser einwei-

SHERRY
SHERRY

chen, dann gut waschen. Die Kartoffeln schälen und in kleine Würfel schneiden. Die Zwiebel und Knoblauchzehe schälen und fein würfeln. Die Butter in einem Topf erhitzen und die Morchelringe, Zwiebel- und Knoblauchwürfel andünsten, dann beiseite stellen. Den Kalbsfond in einem Topf erhitzen und die Kartoffelwürfel darin 10 Minuten kochen. Mit einem Mixstab pürieren oder durch ein Sieb streichen. Die Crème fraîche einrühren. Die Petersilie waschen und fein hacken. Die Speisestärke mit dem Wasser anrühren, zur Suppe geben und nochmals aufkochen lassen. Die Pilze und die Petersilie dazugeben. Die Eigelbe verquirlen und unter die nicht mehr kochende Suppe rühren. Mit Salz, frisch gemahlenem Pfeffer, dem Zucker, der Muskatnuß und dem Weißwein abschmecken. Die Sahne steif schlagen und vorsichtig unter die fertige Suppe rühren. Mit Toastbrot servieren.

Klare Austernpilzsuppe mit Häubchen

400 g Austernpilze, 2 Schalotten, 2 EL Butter, 1 l Rindfleischbrühe, Salz, schwarzer Pfeffer, 1 EL Worcestersauce, 1 Spritzer Zitronensaft, 1/2 Bund Basilikum, 200 g Blätterteig (tiefgefroren). Zum Ausrollen: 1 EL Mehl, 2 Eigelb

Die Austernpilze mit Küchenpapier abreiben, putzen und in schmale Streifen schneiden. Die Schalotten schälen und fein hacken. Die Butter erhitzen und die Schalotten darin glasig dünsten. 3/4 der Pilze hinzufügen und kurz anbraten. Mit der Rindfleischbrühe aufgießen und bei geringer Hitze 5 Minuten kochen lassen. Mit Salz, frisch gemahlenem Pfeffer, der Worcestersauce und dem Zitronensaft abschmecken. Die Basilikumblätter waschen und dazugeben. Den Blätterteig auftauen und dann auf einer bemehlten Fläche messerrückendick ausrollen. Mit einer feuerfesten Suppentasse 4 Kreise aus dem Teig stechen. Den Backofen auf 200 Grad C vorheizen. Die Pilzsuppe durch ein Sieb gießen und nochmals abschmecken. Die beiseite gelegten Pilzstreifen in den Tassen aufteilen, mit der Brühe übergießen und jeweils die Ränder der Suppentassen mit verquirltem Eigelb bestreichen. Die Teigdeckel vorsichtig darauf setzen und die Ränder festdrücken. Mit dem restlichen Eigelb bepinseln und auf die mittlere Schiene des Backofens geben. 30 Minuten backen, bis der Blätterteig schön aufgegangen und goldbraun ist.

Spinatcremesuppe mit Grünkern

50 g Grünkern, 1/2 Zwiebel, 2 TL Sonnenblumenöl, 1/4 l Einweichwasser, 1/2 l Rindfleischbrühe, 200 g frischer Spinat oder 250 g tiefgefrorener Spinat, 1/8 l Milch, Salz, weißer Pfeffer, 1 Prise geriebene Muskatnuß, 1 Becher Sahne-Dickmilch (125 g), 1 TL Speisestärke. Zum Garnieren: 2 Scheiben Vollkorntoast, 1 EL Knoblauchbutter

Den Grünkern über Nacht einweichen, dann auf ein Sieb schütten und das Einweichwasser dabei auffangen. Den Grünkern abtropfen lassen. Die Zwiebel schälen und in feine Würfel schneiden. Das Öl in einem Topf erhitzen und die Zwiebelwürfel darin glasig andünsten. Den Grünkern dazugeben und unter Rühren 3 Minuten mitdünsten. Das Einweichwasser dazugießen und zugedeckt bei schwacher Hitze ca. 20 Minuten kochen lassen, dabei ab und zu etwas von der Brühe hinzugießen. Den frischen Spinat verlesen, waschen und abtropfen lassen, dann dazugeben oder den aufgetauten Spinat hinzufügen. Die Milch und die Gewürze dazugeben und zugedeckt nochmals 5 Minuten kochen. Die Suppe bei Verwendung von frischen Spinat fein pürieren und zurück in den Topf geben. Die Dickmilch, 4 Teelöffel zum Garnieren zurückbehalten, mit der Stärke verrühren und in die kochende Suppe geben und nochmals aufkochen lassen. Die Toastbrotscheiben in Würfel schneiden und in der Knoblauchbutter anrösten.

Die Suppe mit den Brotwürfeln bestreuen und mit je einem Teelöffel Dickmilch garnieren.

Geflügelcremesuppe

*300 g Hähnchenfilets, 1 Zwiebel, 1 EL Butter,
1/2 l Hühnerbrühe, Salz, weißer Pfeffer, 2 EL Erdnußcreme,
1 EL Mehl, 2 EL Wasser, 4 Frühlingszwiebeln, 1 Banane,
300 g tiefgefrorene Erbsen, 125 g süße Sahne,
2 EL Erdnüsse, 1 EL Butter*

Die Hähnchenfilets in kleine Würfel schneiden. Die Zwiebel schälen und fein hacken. Die Butter in einem Topf erhitzen, die Hähnchenfilet- und die Zwiebelwürfel darin anbraten. Mit der Hühnerbrühe aufgießen und 10 Minuten leicht kochen lassen. Mit Salz und frisch gemahlenem Pfeffer abschmecken. Die Erdnußcreme einrühren. Das Mehl in dem Wasser anrühren, dazugeben und aufkochen lassen. Die Frühlingszwiebeln putzen, waschen und in Ringe schneiden. Die Banane schälen und in Scheiben schneiden. Die Frühlingszwiebeln, die Bananenscheiben und die Erbsen zur Suppe geben, weitere 5 Minuten garen. Die Sahne steif schlagen und unter die Suppe ziehen. Die Erdnüsse hacken und in der Butter leicht anrösten. Die Suppe vor dem Servieren mit den Erdnüssen bestreuen.

Abbildung unten

Avocadocremesuppe

30 g Butter, 30 g Mehl, 3/4 l Rindfleischbrühe, 1 Avocado (300 g), Salz, weißer Pfeffer, 1/2 Flasche Piccolo Sekt, 100 g süße Sahne. Zum Garnieren: 1 TL feingehackter Dill

Aus Butter und Mehl eine helle Mehlschwitze herstellen. Mit der Rindfleischbrühe aufgießen und 10 Minuten kochen lassen. Die Avocado der Länge nach halbieren, den Stein entfernen und schälen. Das Fruchtfleisch pürieren und in die Suppe geben. Mit Salz und frisch gemahlenem Pfeffer abschmecken. Die Suppe vom Herd nehmen und den Sekt dazugießen. Die Sahne halbsteif schlagen. Heiß in Suppentassen füllen und je einen Teil der Sahne mit einem Eßlöffel einrühren. Mit den Dillspitzen bestreut servieren.

Abbildung oben

Sommerliche Sahnesuppe

*600 g saure Sahne, eventuell 1 Schuß Milch,
3 Walnüsse, 1 Knoblauchzehe, Salz, schwarzer Pfeffer,
1 Bund Dill, 1/2 Salatgurke, Saft von 1 Zitrone*

Die saure Sahne mit der Milch glattrühren. Die Walnüsse hacken, die Knoblauchzehe schälen und durch die Presse drücken. Beides zur sauren Sahne geben und gut verrühren. Mit Salz und frisch gemahlenem Pfeffer abschmecken. Den Dill von den Stielen zupfen, waschen und fein schneiden. Die Salatgurke waschen und würfeln. Den Dill, die Gurkenwürfel und den Zitronensaft dazugeben und gut durchmischen. Die Suppe kalt stellen und mit getoastetem Brot servieren.

Champignonsuppe mit Käseherzchen

*750 g frische Champignons, 1/2 TL Zitronensaft,
2 Schalotten, 1 l Rindfleischbrühe, Salz, weißer Pfeffer,
4 EL weißer Portwein oder trockener Sherry, 2 Scheiben
Toastbrot, 1 EL Butter, 2 Scheiben mittelalter Gouda*

Die Champignons putzen, eventuell waschen und in feine Scheiben schneiden. 12 Champignonscheiben mit Zitronensaft beträufeln und beiseite stellen. Die Schalotten schälen, würfeln und mit den restlichen Champignons in der Brühe ca. 30 Minuten kochen lassen. Die Champignons durch ein Haarsieb in einen zweiten Topf abgießen und den Sud nochmals erhitzen. Mit Salz, frisch gemahlenem Pfeffer, dem Portwein oder dem Sherry abschmecken. Die Brotscheiben toasten, mit der Butter bestreichen und mit den Goudascheiben belegen. Mit einem Gebäckausstecher kleine Herzchen ausstechen und unter dem Grill kurz überbacken. Die heiße Champignonsuppe in vorgewärmte Tassen füllen, die Käseherzchen und die beiseite gestellten Champignonscheiben hinzufügen. Sofort heiß servieren.

Crème Dubarry

2 Schalotten, 500 g Blumenkohl, 2 EL Butter, 400 ml Rinderfond, 250 g Crème fraîche, 1 Bund gemischte Kräuter, 1 EL Speisestärke, 2 EL Wasser, 4 Eigelb, Salz, weißer Pfeffer, Zucker, Muskatnuß, 1 EL Weißwein, 200 g süße Sahne

Die Schalotten schälen und würfeln. Den Blumenkohl waschen und kleinschneiden. Einige Blumenkohlröschen beiseite stellen. Die Butter in einem Topf erhitzen, den Blumenkohl und die Schalottenwürfel andünsten. Mit Rinderfond aufgießen und 10 Minuten kochen lassen. Mit dem Mixstab pürieren oder durch ein Sieb streichen. Die Crème fraîche einrühren. Die Kräuter waschen und fein hacken. Speisestärke mit Wasser anrühren und zur Suppe geben. Die beiseite gestellten Blumenkohlröschen in die Suppe einlegen. Nochmals aufkochen lassen und Kräuter dazurühren. Eigelbe verquirlen und unter die nicht mehr kochende Suppe rühren. Mit Salz, frisch gemahlenem Pfeffer, Zucker, 1 Prise geriebener Muskatnuß und dem Weißwein abschmecken. Die Sahne steif schlagen und unter die fertige Suppe rühren. Mit Weißbrot servieren.

Lachssuppe mit Lauchringen

3/4 l kräftige Rindfleischbrühe, 400 g frischer Lachs, 250 g Lauch, je 2 rote, weiße und normale Zwiebeln, weißer Pfeffer, 2 EL geriebener Emmentaler, 250 g süße Sahne

Die Brühe in einem Topf erhitzen. Die Lachsstücke waschen, trockentupfen, dann in der heißen Brühe je nach Größe der Stücke 10 - 15 Minuten gar ziehen lassen. Den Lachs behutsam herausheben, etwas abkühlen lassen, häuten, die Gräten herauslösen und den Fisch in mundgerechte Stücke zerteilen. Den Lauch putzen und waschen. Die Zwiebeln schälen und mit dem Lauch in Ringe schneiden. Das Gemüse in die Brühe geben und 15 Minuten garen. Mit frisch gemahlenem Pfeffer abschmecken. Den Käse reiben und mit der Sahne dazugeben, einmal aufkochen lassen. Den Lachs in die Suppe geben und nochmals vorsichtig erwärmen. Die Suppe mit Brot servieren.

Gurkencremesuppe

2 Salatgurken, 1 Zwiebel, 50 g Butter, 1 Bund Dill, 1/4 l Rindfleischbrühe, weißer Pfeffer, 2 Scheiben Toastbrot, 1 Ei, 250 g süße Sahne, 50 g Crème fraîche, Salz, 1/2 TL Essig-Essenz 25%, 1 TL Zucker, 150 g Grönland-Krabben

Die Gurken waschen und ein Stück von 4 cm Länge für die Garnierung beiseite legen. Die restlichen Gurken schälen und der Länge nach halbieren, die Kerne mit einem Teelöffel herausstreichen. Die Gurken in 2 cm breite Stücke schneiden. Die Zwiebel schälen und fein würfeln. Die Hälfte der Butter in einem Topf erhitzen, die Gurkenscheiben und die Zwiebelwürfel darin 2 Minuten andünsten. Den Dill waschen, von den Stielen zupfen, grob hacken und einige Blättchen zum Garnieren beiseite legen. Die Fleischbrühe hinzugießen und die Suppe 10 Minuten kochen lassen. Danach mit frisch gemahlenem Pfeffer abschmecken. Das Toastbrot in Würfel schneiden. Das Ei verquirlen und die Brotwürfel darin wenden. Die restliche Butter in einer Pfanne erhitzen und die Brotwürfel goldgelb ausbacken. Das gedünstete Gemüse pürieren, die Sahne und die Crème fraîche dazugeben. Aufkochen lassen und mit Salz, Essig-Essenz und dem Zucker abschmecken. Die Krabben und die Toastbrotwürfel auf 4 Suppentassen aufteilen. Die heiße Suppe einfüllen. Mit den Dillfähnchen und dem in dünne Scheiben geschnittenen Gurkenstück garnieren.

Abbildung rechts

Gazpacho - eisgekühlte Tomatensuppe

1 mittelgroße Zwiebel, 2 EL Butter, 8 Fleischtomaten, 1 l Rindfleischbrühe, 1 TL Kräuter der Provence, Salz. Zum Garnieren: 1 mittelgroße Zucchini, Basilikumblätter

Die Zwiebel schälen und würfeln. Die Butter in einem Topf erhitzen und die Zwiebelwürfel darin andünsten. Die Tomaten kurz in kochendes Wasser tauchen, häuten, vierteln und zu den Zwiebeln geben.

Die Rindfleischbrühe dazugießen, mit den Gewürzen und dem Salz abschmecken. Die Suppe abkühlen lassen und in den Kühlschrank stellen. Die Zucchini waschen und in sehr dünne Scheiben schneiden. Die Suppe vor dem Servieren mit den Zucchinischeiben und den gewaschenen Basilikumblättern garnieren.

Feine Gemüse-Consommé

250 g Tofu, Saft und 1 Stück Schale von 1 unbehandelten Zitrone, 1/8 l Sojasauce, 400 ml Gemüsefond, 1 EL trockener Sherry, 400 g gemischte, geputzte, zerkleinerte Gemüse (z.B. Karotten, Kohlrabi, Lauch, Broccoli), 2 EL ÖL, 50 g Spinat. Zum Garnieren: 1 Bund Schnittlauch

Den Tofu würfeln und mit dem Zitronensaft, der feingehackten Zitronenschale und 3 Eßlöffeln von der Sojasauce mischen. Zugedeckt 2 Stunden marinieren. Die restliche Sojasauce mit dem Gemüsefond und dem Sherry aufkochen. Das Gemüse dazugeben und bißfest garen. Das Öl in einer Pfanne erhitzen, den Tofu darin unter Wenden anbraten und auf Suppenteller verteilen. Den Bratenfond und den gewaschenen Spinat in die Suppe geben, dann in die Teller füllen. Den Schnittlauch waschen, fein schneiden und die Suppe damit bestreuen.

Saint-Germaine-Suppe

600 g tiefgefrorene Erbsen, 1 l Rindfleischbrühe, 1 Karotte, 1 Zwiebel, 100 g geräucherter durchwachsener Speck, 20 g Mehl, weißer Pfeffer. Zum Garnieren: 1 Bund gemischte Kräuter

Die Erbsen in der Rindfleischbrühe auftauen und zum Kochen bringen. Die Karotte und die Zwiebel schälen, dann kleinschneiden. Beides zu den Erbsen geben und 20 Minuten kochen. Einen Teil vom

Gemüse beiseite stellen. Die restliche Suppe am besten mit einem Mixstab pürieren oder durch ein Sieb streichen. Den Speck würfeln und in einem Topf auslassen. Mit dem Mehl zu einer Mehlschwitze rühren und mit der Gemüsebrühe aufgießen. Die Suppe aufkochen lassen und mit frisch gemahlenem Pfeffer abschmecken. Zum Schluß das beiseite gestellte Gemüse dazugeben. Die Kräuter waschen und kleinhacken und die fertige Suppe damit garnieren.

Kalte Gurkensuppe

2 Salatgurken, 200 g süße Sahne, 1 Becher Joghurt (150 g), 2 EL Essig, 2 EL Whiskey, 2 Knoblauchzehen, 1 Bund Pfefferminze, 1 Bund Petersilie, Salz, weißer Pfeffer

Gurken schälen, in Stücke schneiden und mit dem Schneidestab oder im Mixer pürieren. Die Sahne, den Joghurt, den Essig und den Whiskey unterrühren. Die Knoblauchzehen schälen, durch die Presse drükken und hinzufügen. Die Pfefferminze und die Petersilie waschen, trokkentupfen, fein hacken, dann unter die Suppe rühren. Mit Salz und frisch gemahlenem Pfeffer abschmecken. Die Suppe gut gekühlt servieren.

Emmentalersüppchen

60 g durchwachsener Speck, 2 Zwiebeln, 20 g Mehl, 1/2 l Milch, 1/2 l Rindfleischbrühe, schwarzer Pfeffer, geriebene Muskatnuß, 200 g geriebener Emmentaler. Zum Garnieren: 2 Scheiben Toastbrot, 1 EL Butter, 1/2 Bund Schnittlauch

Den Speck in kleine Würfel schneiden. Die Zwiebeln schälen, würfeln und im Speck glasig dünsten. Das Mehl einrühren, mit der Milch und der Rindfleischbrühe aufgießen und nochmals aufkochen lassen. Mit frisch gemahlenem Pfeffer und Muskatnuß abschmecken. Zum Schluß den geriebenen Emmentaler unterrühren. Die Suppe nun nicht mehr kochen lassen. Die Toastbrotscheiben in Würfel schneiden. Die Butter in einer Pfanne erhitzen und die Brotwürfel darin anrösten. Den Schnittlauch waschen und in Röllchen schneiden. Die Suppe in 4 rustikale Suppenschüsselchen füllen, dann mit den Brotwürfeln und den Schnittlauchröllchen bestreut servieren.

Selleriecremesuppe

300 g Sellerie, 1 Kartoffel, 2 Zwiebeln, 30 g Butter, 3/4 l Wasser, 1 Würfel klare Suppe mit Suppengrün, 125 g süße Sahne, etwas Zitronensaft, weißer Pfeffer, 50 g Räucherlachs. Zum Garnieren: 1/2 Bund Dill

Den Sellerie, die Kartoffel und die Zwiebeln schälen, waschen und in Würfel schneiden. Die Butter in einem Topf erhitzen und das Gemüse darin andünsten. Mit dem Wasser aufgießen und zum Kochen bringen. Den Würfel dazugeben und auflösen. Die Suppe ca. 15 Minuten kochen, etwas abkühlen lassen und mit der Sahne mit Hilfe eines Mixstabs pürieren. Mit Zitronensaft und frisch gemahlenem Pfeffer abschmecken. Den Lachs in Streifen schneiden, zur Suppe geben und mit gewaschenem, kleingehacktem Dill garniert servieren. *Abbildung rechts*

Kerbelsahnesuppe mit Knoblauchcroûtons

250 g Lauch, 250 g Kartoffeln, 2 EL Butter, 800 ml Rinderfond, 250 g süße Sahne, 150 g Kerbel, Salz, weißer Pfeffer. Außerdem: 1 Knoblauchzehe, 2 Scheiben Toastbrot, 1 EL Butter

Den Lauch putzen, waschen und in feine Ringe schneiden. Die Kartoffeln schälen und in Würfel schneiden. Die Butter in einem Topf erhitzen, die Lauchringe und die Kartoffelwürfel darin andünsten. Mit dem

Rinderfond aufgießen und 30 Minuten zugedeckt kochen lassen. Mit einem Mixstab pürieren oder durch ein Sieb streichen, dann die Sahne zur Suppe rühren. Den Kerbel waschen und fein hacken. Die Suppe erhitzen, den Kerbel dazugeben und mit Salz und frisch gemahlenem Pfeffer abschmecken, nicht mehr kochen lassen. Die Knoblauchzehe schälen, halbieren und die Toastbrotscheiben damit einreiben. Das Brot in Würfel schneiden und in der zerlassenen Butter anrösten.
Die Suppe mit den Brotwürfeln servieren.

Grüne Suppe

1 Zwiebel, 1 Knoblauchzehe, 2 EL Butter, 3/4 l Rindfleischbrühe, 200 g saure Sahne, 2 Bund gemischte Kräuter (z.B. Petersilie, Estragon, Dill, Kerbel, Kresse, Schnittlauch), 1 EL Mehl, 2 EL Wasser, 2 Eigelb, Salz, weißer Pfeffer, 1 Prise Zucker, geriebene Muskatnuß, 1 Schuß Weißwein

Die Zwiebel und die Knoblauchzehe schälen und fein würfeln. Die Butter in einem Topf erhitzen, die Zwiebel- und die Knoblauchwürfel darin andünsten. Mit der Rindfleischbrühe aufgießen und 10 Minuten leicht köcheln lassen, dann die saure Sahne einrühren. Die Kräuter waschen und fein hacken. Das Mehl mit dem Wasser anrühren und zur Suppe geben, nochmals aufkochen lassen und die Kräuter dazugeben. Die Eigelbe verquirlen und unter die nicht mehr kochende Suppe rühren. Mit Salz, frisch gemahlenem Pfeffer, dem Zucker, der geriebenen Muskatnuß und dem Weißwein abschmecken.

Champignonsuppe mit Brunnenkresse

500 g Champignons, 1 Zwiebel, 2 Knoblauchzehen, 2 EL Butter, 1 l Rindfleischbrühe, 1/4 l saure Sahne, 1 Bund Bach- oder Brunnenkresse, 1 EL Mehl, 2 EL Wasser, 4 Eigelb, Salz, weißer Pfeffer

Die Pilze putzen, nach Möglichkeit nicht waschen, dann kleinschneiden. Die Zwiebel und Knoblauchzehen schälen und würfeln. Die Butter in einem Topf erhitzen und die Zwiebel- und die Knoblauchwürfel darin andünsten. Die Champignons dazugeben und umrühren. Mit der Rindfleischbrühe aufgießen und 10 Minuten kochen lassen. Die saure Sahne einrühren. Die Kresse waschen und hacken. Das Mehl mit Wasser anrühren, zur Suppe geben, nochmals aufkochen lassen und die Kresse dazugeben. Die Eigelbe verquirlen und unter die nicht mehr kochende Suppe rühren. Mit Salz und frisch gemahlenem Pfeffer abschmecken.

Fleisch und Geflügel

Carpaccio

300 g Rinderfilet, 1 Knoblauchzehe, 1 kleines Bund Suppengrün. Für die Marinade: 4 EL Balsamico-Essig, 1/2 TL Senf, Salz, schwarzer Pfeffer, Zucker, 8 EL Olivenöl. Außerdem: 100 g Champignons. Zum Garnieren: 1/2 Bund Petersilie, 1 Bund Basilikum

Das Rinderfilet 3 Stunden einfrieren, dann herausnehmen und angetaut in hachdünne Scheiben schneiden, am besten mit einer Schneidemaschine. Die Scheiben auf vier Teller anrichten. Die Knoblauchzehe schälen und durch die Presse drücken. Das Suppengrün putzen, waschen und in sehr feine Würfel schneiden. Im kochenden Salzwasser ca. 1 Minute blanchieren. Aus Essig, Senf, Salz, frisch gemahlenem Pfeffer und Zucker eine Marinade rühren. Das Olivenöl langsam dazurühren. Die Gemüsewürfelchen und die Marinade über die Fleischscheiben geben. Die Champignons putzen und mit einem Gemüsehobel über das Carpaccio hobeln. Die Petersilie und das Basilikum waschen, dann in Blättchen zupfen. Die Kräuter vor dem Servieren über diese delikate Vorspeise streuen.

Entenbrust in Bierteig auf Pflaumensauce

Für den Teig: 300 g Roggenmehl, 200 g Weizenvollkornmehl, 2 Päckchen Trockenhefe, 2 TL Zucker, 1 Prise Salz, 300 ml Altbier oder ein anderes dunkles Bier. Außerdem: 4 ausgelöste Entenbrüstchen (400 g), 2 EL Butterschmalz, Salz, schwarzer Pfeffer. Für die Sauce: 5 Trockenpflaumen, 100 ml Fleischbrühe, 3 EL Pflaumenmus, 3 EL Altbier, 1 TL Rotweinessig, Salz, Cayennepfeffer. Zum Ausrollen: etwas Mehl

Aus den angegebenen Zutaten einen Teig herstellen und 15 Minuten ruhen lassen. Die Entenbrüstchen waschen und trockentupfen. Das Butterschmalz in einer Pfanne erhitzen und die Entenbrüstchen rundum anbraten. Mit Salz und frisch gemahlenem Pfeffer würzen. Den Teig nochmals durchkneten und 1 cm dick ausrollen. Den Teig in 4 Rechtecke schneiden und darin die Entenbrüstchen einwickeln. Die Teigtaschen mit Wasser einpinseln und im vorgeheizten Backofen bei 200 Grad C 40 Minuten backen. Die Trockenpflaumen für die Sauce in Streifen schneiden. Bratenfond mit Fleischbrühe loskochen, das Pflaumenmus, das Bier und den Essig dazugeben. Mit Salz und Cayennepfeffer würzen. Die Pflaumen zur Sauce geben und nochmals erhitzen. Die Entenbrust auf der Pflaumensauce servieren.

Abbildung rechts

Melone mit Schinken

1 reife Netzmelone, 100 g Parmaschinken, schwarzer Pfeffer

Die gekühlte Melone vierteln und entkernen. Die Melonenspalten auf einen Vorspeisenteller setzen. Mit Schinkenscheiben dekorieren. Die Vorspeise mit frisch gemahlenem Peffer bestreut servieren.

Bier

Geflügelsandwich

1 reife Mango, 4 EL Rosinen, 2 Becher Naturjoghurt (je 150 g), Curry, Salz, weißer Pfeffer, 4 gegrillte Geflügelbrüstchen (400 g), 4 Scheiben Vollkorntoast, 1 Avocado, Saft von 1/2 Zitrone, einige Salatblätter

Die Mango schälen, vom Kern lösen und im Mixer pürieren. Das Püree zusammen mit den Rosinen unter den Joghurt rühren. Mit Curry, Salz und frisch gemahlenem Pfeffer kräftig abschmecken. Die Geflügelbrüstchen in dünne Scheiben schneiden. Das Toastbrot rösten. Die Avocado schälen, entkernen, in dünne Scheiben schneiden und mit Zitronensaft beträufeln. Danach auf den Toastbrotscheiben verteilen und jeweils ein gewaschenes abgetropftes Salatblatt darauf legen. Dann mit den Geflügelbrustscheiben belegen und die Mangocreme darüber verteilen.

Pikantes Tatar mit Wachtelei

300 g Rindertatar, 300 g frische Matjesfilets, 4 Eigelb, 2 EL Zitronensaft, 1 Zwiebel, 1 gewürfelte Essigurke, 2 EL Kapern, Petersilie, Salz, weißer Pfeffer. Zum Garnieren 4 Wachteleier, 1 TL Butter, etwas Kresse

Das Tatar in eine Schüssel geben. Die Matjesfilets in feine Würfel schneiden und dazugeben. Die Eigelbe, den Zitronensaft, die in Würfel geschnittene Zwiebel, die Gurkenwürfel, die Kapern und die gewaschene und feingehackte Petersilie dazugeben und gut durchmischen. Mit Salz und frisch gemahlenem Pfeffer abschmecken. Die Wachteleier aufschlagen und in der Butter zu kleinen Spiegeleiern braten. Das Tatar auf Vorspeisentellern anrichten, die Spiegeleier obenauf setzen und mit der gewaschenen Kresse garnieren.
Mit Butterweißbrot oder Toast servieren.

Hähnchenfilet auf Salat

4 Hähnchenfilets (400 g), Salz, 1 EL Öl, 100 g Cashewkerne, je 1 kleiner Kopf Friséesalat und Lollo Rosso, 100 g frische Sojasprossen. Für das Dressing: 4 EL Apfelsaft, 4 EL Walnußöl, 1 kleine Zwiebel, 1/2 säuerlicher Apfel, Salz

Die Hähnchenfilets kalt waschen, trockentupfen und leicht salzen. Das Öl in einer Pfanne erhitzen, die Filets braten und beiseite stellen. Die Cashewkerne in einer beschichteten, trockenen Pfanne rösten und abkühlen lassen. Die Salate und die Sprossen putzen, waschen und abtropfen lassen. Den Apfelsaft und das Walnußöl miteinander verrühren. Die Zwiebel und den Apfel schälen, würfeln, dazugeben, dann mit Salz abschmecken. Den Salat mit den Sprossen mischen, das Dressing darüber gießen und dann auf vier Teller verteilen. Das abgekühlte Fleisch in Streifen schneiden und mit den Cashewkernen auf den Salat geben.

Hähnchen-Melonen-Salat

Hähnchenbrustfilet (400 g), Salz, weißer Pfeffer, 5 EL Öl, 1 Kopf Eichblattsalat, 200 g Champignons, 1 Ogenmelone, 1 Knoblauchzehe, 4 EL Weißweinessig, Salz, weißer Pfeffer

Die Hähnchenfilets mit Salz und frisch gemahlenem Pfeffer einreiben. 2 Eßlöffel Öl in einer Pfanne erhitzen und die Filets von beiden Seiten 10 Minuten insgesamt braten. Erkalten lassen und in Scheiben schneiden. Den Salat putzen, waschen und klein zupfen. Die Champignons putzen, wenn nötig waschen und blättrig aufschneiden. Die Melone halbieren, entkernen und mit einem Ausstecher kleine Kugeln aus dem Fruchtfleisch stechen. Die Knoblauchzehe schälen, durch die Presse drücken, mit dem restlichen Öl und dem Essig verrühren. Mit Salz und frisch gemahlenem Pfeffer abschmecken. Zum Schluß alle vorbereiteten Zutaten in der Marinade vermischen.

Fische und Meeresfrüchte

Bunter Räucherfischsalat

(Für 6 - 8 Personen)

2 geräucherte Makrelen, 4 Schillerlocken, 250 g Tomaten, 1 Zwiebel, 4 Äpfel, Saft von 1 Zitrone, 1 Glas Senfgurken. Für die Sauce: 125 g Mayonnaise, 150 g Crème fraîche, 1 EL geriebener Meerrettich, 3 TL scharfer Senf, Salz, weißer Pfeffer, 1/2 Bund Schnittlauch

Die Makrelen filieren und in mundgerechte Stücke zerteilen. Die Schillerlocken in 3 cm lange Stücke schneiden. Die Tomaten waschen und achteln. Dabei den Stengelansatz entfernen. Die Zwiebel schälen und in Würfel schneiden. Die Äpfel waschen, entkernen, in Stücke schneiden und mit dem Zitronensaft beträufeln. Die Senfgurken abtropfen lassen und in Scheiben schneiden. Alles in eine Schüssel geben und vorsichtig mischen. Für die Sauce die Mayonnaise, die Crème fraîche, den Meerrettich, den Senf, Salz und frisch gemahlenen Pfeffer vermischen. Den Schnittlauch waschen und in Röllchen schneiden. Die Sauce über den Salat geben und den Schnittlauch darauf streuen. Mit Weiß- oder Schwarzbrot servieren.

Krebsragout mit jungem Gemüse

32 ausgelöste Flußkrebse und die Schalen, 4 Schalotten, 10 g Butter, 2 cl Anislikör, 1/8 l trockener Weißwein, 400 ml Wasser, Salz, 3 weiße Pfefferkörner, 12 kleine Karotten, 12 grüne Spargelspitzen. Zum Garnieren: Kerbel

Die Krebsschalen waschen. Die Schalotten schälen, fein hacken und mit den Krebsschalen in der Butter kurz anbraten. Mit dem Anislikör, dem Weißwein und dem Wasser aufgießen. Mit Salz würzen und die Pfefferkörner dazugeben. Bei geringer Hitze 15 Minuten garen. Den Krebsfond durch ein feines Haarsieb gießen. Die Schalen entfernen. Die Karotten waschen und schälen.

Die Spargelspitzen waschen und getrennt mit den Karotten im kochenden Salzwasser je 4 Minuten blanchieren. Die Krebse und das Gemüse in dem Krebsfond erhitzen, dann in tiefe Teller geben. Das Ragout mit dem gewaschenen und in kleine Blättchen gezupften Kerbel garnieren.
Mit lauwarmen Stangenweißbrot servieren. *Abbildung oben*

Matjesfilet in Sahnesauce

4 Matjesfilets, 1/4 l Milch. Für die Sauce: 250 g saure Sahne, 1 EL Mayonnaise, 1 TL Zucker, weißer Pfeffer, 2 EL Weinessig, 1 Gewürzgurke, 1 große Zwiebel, 1 säuerlicher Apfel. Zum Garnieren: 1 Tomate in Scheiben, 4 grüne Salatblätter, 1 Stengel Petersilie

Die Matjesfilets 3 Stunden in der Milch einlegen, so daß sie bedeckt sind. Für die Sauce die saure Sahne mit der Mayonnaise verrühren, mit Zucker, frisch gemahlenem Pfeffer und Essig abschmecken. Die Gurke in Scheiben schneiden. Die Zwiebel schälen und dann in Ringe schneiden. Den Apfel schälen, vierteln, entkernen und in Scheiben schneiden. Die Gurke, die Zwiebelringe und Apfelscheiben zur Sauce geben und gut durchmischen. Die Matjesfilets aus der Milch nehmen und in die Sauce einlegen und einen Tag im Kühlschrank zugedeckt ziehen lassen.

Die Matjesfilets mit je einer Scheibe Tomate, einem Blatt grünen Salat und etwas Petersilie garnieren.

Matjessalat

4 Matjesfilets, 1/4 l Milch, 1 Karotte, 1 Zwiebel, 1 säuerlicher Apfel, 1 TL Zitronensaft, 50 g Pumpernickel, 250 g Crème fraîche, 1 TL Zucker, 1/2 TL Senf, 250 g süße Sahne

Matjesfilets 3 Stunden in der Milch einlegen, so daß sie bedeckt sind. Die Karotte schälen und in Scheiben schneiden. Danach in wenig Wasser 15 Minuten garen, abgießen und auskühlen lassen. Die Zwiebel schälen und würfeln. Den Apfel schälen, vierteln, entkernen, in Scheiben schneiden und mit Zitronensaft beträufeln. Den Pumpernickel würfeln. Die Crème fraîche in eine Schüssel geben, mit Zucker und Senf abschmecken. Die Matjesfilets aus der Milch nehmen und in mundgerechte Stücke teilen. Mit den Karotten, den Zwiebelwürfeln und Apfelscheiben zur Sahnesauce geben. Den Pumpernickel unterrühren. Die Sahne steif schlagen und unter den Salat heben. Über Nacht ziehen lassen.

Matjes auf Tomaten-Parfait

6 Blatt weiße Gelatine, 500 g passierte Tomaten, Salz, Worcestersauce, Cayennepfeffer, 1 cl Aquavit, 20 g Kerbel, 125 g süße Sahne, 8 Matjesfilets, 1/4 l schwarzer Tee, 4 Frühlingszwiebeln, 1 EL eingelegte grüne Pfefferkörner

Die Gelatine in kaltem Wasser einweichen. Die passierten Tomaten leicht erwärmen, mit Salz, 1 Spritzer Worcestersauce, Cayennepfeffer und dem Aquavit pikant abschmekken. Gelatine ausdrücken, dazugeben und unter Rühren auflösen, abkühlen lassen. Den Kerbel waschen, trocknen und kleinschneiden. Die Sahne steif schlagen und zusammen mit dem Kerbel unter die leicht angezogene Tomatenmasse heben. Eine kleine Terrinenform mit 3/4 l Inhalt kalt ausspülen und die Parfaitmasse einfüllen. Das Parfait im Kühlschrank drei Stunden erstarren lassen. Die Matjesfilets 30 Minuten, mit Tee bedeckt, wässern, dann abtropfen lassen und trockentupfen. Die Frühlingszwiebeln putzen und nur die hellen Teile in schräge Ringe schneiden. Pfefferkörner abtropfen lassen. Das Parfait aus der Terrine lösen und in zwölf Scheiben schneiden. Jeweils drei Scheiben auf einem Teller anrichten und mit je 2 Matjesfilets belegen. Die Matjesfilets mit den Frühlingszwiebeln und dem grünen Pfeffer bestreuen.
Mit Toastbrot servieren.

Tatar aus Lachs

500 g Lachsfilet, 4 EL Zitronensaft, 1 große Zwiebel, 2 EL Kapern, 6 EL Petersilie, Salz, weißer Pfeffer. Zum Ganieren: einige Blätter Feldsalat, 4 Zitronenscheiben, 4 Kirschtomaten

Den Fisch waschen, trocknen und in dem Zitronensaft 10 Minuten marinieren. Dann durch den Fleischwolf drehen oder mit dem Messer fein hacken. Die Zwiebel schälen und würfeln. Die Kapern fein hacken. Petersilie waschen und fein schneiden. Den Lachs mit den Zwiebeln, Kapern und der Petersilie vermischen. Mit Salz und frisch gemahlenem Pfeffer abschmecken. Auf einem Teller anrichten und mit Feldsalat, einer Zitronenscheibe und 1 Kirschtomate zu frischem Weißbrot servieren.

Forellenfilets mit Meerrettichsauce

4 Scheiben Roggen- oder Schwarzbrot, 20 g Butter, 4 geräucherte Forellenfilets (ca. 350 g). Für die Sauce: 1/2 Becher Sahne-Dickmilch (Gesamtinhalt 175 g), 2 TL geriebener Meerrettich, 2 Wacholderbeeren, Salz, schwarzer Pfeffer, Zitronensaft. Zum Garnieren: etwas Dill

Die Brotscheiben mit der Butter bestreichen und mit je einem Filet belegen. Für die Sauce die Dickmilch mit dem Meerrettich glattrühren, grob zerstoßene Wacholderbeeren, Salz, frisch gemahlenen Pfeffer und Zitronensaft unterrühren. Die Sauce pikant abschmecken. Dill waschen, in Zweige zupfen und die Forellenfilets damit garnieren. *Abbildung unten*

Maritimer Vorspeisenteller

Für die Sauce: 2 Eigelb, 2 EL Honig, 2 TL mittelscharfer Senf, 6 EL Sojaöl, 1 Bund Dill, 1 kleiner Kopf Endiviensalat, 200 g geräucherter Lachs, 2 geräucherte Forellenfilets, 2 kleine Schillerlocken, 200 g geräucherter Aal, 200 g Krabbenfleisch. Zum Garnieren: Zitrone, Dill

Für die Sauce die Eigelbe, den Honig und den Senf cremig aufschlagen. Das Öl nach und nach dazugeben. Den Dill waschen, fein hacken und dazugeben. Den Salat putzen, waschen und in Blätter teilen. Die Teller damit belegen, den Fisch und die Krabben darauf anrichten. Mit der geviertelten Zitrone und dem gewaschenen Dill garnieren. Die Dill-Senf-Sauce dazu reichen.

Abbildung oben

Muscheln in Weißwein

3 kg Miesmuscheln, 2 Zwiebeln, 1/2 l trockener Weißwein, 1 TL weiße Pfefferkörner, 2 EL Zitronensaft, Salz, 250 g süße Sahne, 2 Eigelb, 100 g kalte Butter, 1 Msp. Cayennepfeffer. Zum Garnieren: Petersilie

Die Muscheln mit einer Bürste gründlich abbürsten und unter kaltem Wasser abspülen, offene aussortieren. Die übrigen Muscheln in einen großen Topf geben. Die Zwiebeln schälen und würfeln. Mit Wein und Pfefferkörnern zu den Muscheln geben. Zugedeckt 8 - 10 Minuten kräftig kochen lassen. Dabei den Topf mehrmals schütteln, damit alle Muscheln gleichzeitig gar werden. Sobald alle Muscheln geöffnet sind, durch ein Sieb gießen und den Sud in einem Topf auffangen. Die Muscheln aus den Schalen lösen, dabei den Bart abziehen. Geschlossene Muscheln aussortieren und wegwerfen. Den Muschelsud auf 1/4 Liter einkochen lassen und mit Zitronensaft und Salz abschmecken. Die Sahne und die Muscheln dazugeben und aufkochen lassen. Eigelbe mit 1 Eßlöffel von der Sauce verrühren und die Muscheln damit legieren. Die kalte Butter in kleinen Flocken, mit einem Schneebesen einschlagen. Die Muscheln in Schälchen füllen und mit Cayennepfeffer bestäuben. Mit gewaschener Petersilie garnieren. Mit gebuttertem Pumpernickel servieren.

Hummerkrabben mit leichter Sauce

4 EL Olivenöl, 600 g ausgelöste Hummerkrabben. Für die Sauce: 200 g leichte Mayonnaise, 1 Knoblauchzehe, 1 Bund Petersilie, 3 EL Zitronensaft, Cayennepfeffer

Das Öl in einer Pfanne erhitzen. Die Krabben im Öl 5 Minuten garen. Für die Sauce die Mayonnaise mit der geschälten und durchgepreßten Knoblauchzehe verrühren. Die Petersilie waschen, kleinhacken und mit dem Zitronensaft zur Sauce rühren. Mit Cyennepfeffer abschmecken. Die Krabben mit der Kräutermayonnaise und Weißbrot servieren.

Tintenfischsalat

400 g tiefgefrorene Tintenfische, je 1 rote und grüne Paprikaschote, 1 Zwiebel, 2 Knoblauchzehen, 2 Tomaten. Für die Marinade: 2 EL Weinessig, 4 EL Olivenöl, Salz, weißer Pfeffer, 1 Bund Petersilie

Die Tintenfische waschen und trokkentupfen, dann in fingerdicke Scheiben schneiden. Die Paprikaschoten putzen, waschen und in Streifen schneiden. Zwiebel und Knoblauchzehen schälen und klein würfeln. Die Tomaten waschen und achteln. Für die Marinade den Essig, das Olivenöl, Salz, frisch gemahlenen Pfeffer und die gewaschene und feingehackte Petersilie miteinander vermischen. Alle vorbereiteten Zutaten unter die Marinade mischen. Den Salat gut durchziehen lassen und kühl in Muschelschalen mit Stangenweißbrot servieren.

Gravad Lachs mit Grapefruits

8 Scheiben Gravad Lachs, Saft von 1/2 Zitrone, weißer Pfeffer, 2 Grapefruits, 1 Zitrone in Scheiben. Für die Sauce: 2 Eigelb, 1 TL Essig, 1 TL Senf, 1 Msp. Senfpulver, 1 TL Honig, 1/8 l Olivenöl, Salz, weißer Pfeffer. Zum Garnieren: einige Dillfähnchen

Die Lachsscheiben mit dem Zitronensaft beträufeln und mit frisch gemahlenem Pfeffer bestreuen. Die Grapefruits sorgfältig schälen, mit einem Messer die Fruchtspalten aus den Zwischenhäuten lösen (filieren). Die Filets in den Lachs einwickeln und auf die Zitronenscheiben legen. Für die Sauce die Eigelbe, den Essig, den Senf, das Senfpulver, den Honig und das Olivenöl verrühren. Mit Salz und frisch gemahlenem Pfeffer abschmecken. Je 2 Lachs-Grapefruitröllchen auf einen Teller anrichten, die Senfsauce dazugeben und mit den gewaschenen, abgetropften Dillfähnchen garnieren.

Abbildung Seite 77

Bunte Hors d'Œuvre Platte

2 Dosen Thunfisch in Öl (je 155 g Fischeinwaage), 150 g Feldsalat, 1/2 TL Zitronensaft, 1 Zwiebel, je 1 rote und gelbe Paprikaschote, 400 g Käse mit Pfeffer. Zum Garnieren: 16 schwarze Oliven mit Stein

Den Thunfisch auf einem Sieb abtropfen lassen. Den Feldsalat verlesen, waschen und gut abtropfen lassen, dann eine Platte damit auslegen. Den Thunfisch zerpflücken und auf dem Feldsalat anrichten. Mit dem Zitronensaft beträufeln. Die Zwiebel in feine Ringe schneiden. Die Paprikaschoten waschen, halbieren, putzen, entkernen und in feine Streifen schneiden. Den gut gekühlten Käse in Scheiben schneiden und dekorativ auf dem Thunfisch anrichten. Die Zwiebelringe und die Paprikastreifen dazulegen und mit den Oliven garnieren. Dazu kerniges Nußbrot reichen.

Abbildung rechts

Fischcocktail

200 g Kabeljaufilet, Salz, 4 EL trockener Weißwein, 1 TL zerstoßene Wacholderbeeren, 4 Salatblätter, 100 g Tiefsee-Garnelen, 2 hartgekochte Eier, 4 große Egerlinge. Für die Sauce: 5 EL Russische Rahm-Sauce, Cayennepfeffer

Den Fisch waschen, trockentupfen, salzen, mit der Hälfte vom Weißwein und den Wacholderbeeren 4 Minuten garen. Abkühlen lassen und in Stücke zerkleinern. Vier Cocktailgläser mit den gewaschenen Salatblättern auslegen und den Fisch mit den Garnelen aufteilen. Die Eier schälen und in Scheiben schneiden. Die Egerlinge putzen, in Scheiben schneiden und mit dem Rest Weißwein beträufeln. Die Egerlinge und die Eischeiben in die Gläser geben. Die Sauce mit Cayennepfeffer abschmecken und über den Cocktail gießen. Mit Stangenweißbrot servieren.

Gemüse als Vorspeise

Avocado-Carpaccio

Für die Marinade: 6 EL Weißweinessig, Salz, weißer Pfeffer, etwas Oregano, 4 EL Walnußöl. Außerdem: 2 Avocados (ca. 400 g), 1 EL Zitronensaft, 80 g Champignons, 60 g Bündnerfleisch in dünnen Scheiben, 100 g Kirschtomaten, 1 Schalotte

Aus dem Essig, Salz, frisch gemahlenem Pfeffer, Oregano und dem Walnußöl eine cremige Marinade rühren. Die Avocados schälen, längs halbieren und vom Kern befreien. Der Länge nach in dünne Scheiben schneiden und auf vier Teller verteilen. Mit dem Zitronensaft beträufeln und mit der Hälfte der Marinade begießen. Mit Alufolie abdecken und im Kühlschrank 30 Minuten ziehen lassen. In der Zwischenzeit die Champignons putzen, wenn nötig abbrausen und blättrig aufschneiden, sofort mit Zitronensaft beträufeln, damit sie hell bleiben. Das Bündnerfleisch in schmale Streifen schneiden. Die Kirschtomaten waschen und vierteln, dabei den Stengelansatz entfernen. Danach die Schalotte schälen, fein hacken und hinzufügen. Alles in eine Schüssel füllen und mit der restlichen Marinade gut mischen. Den Salat auf die Avocados verteilen und sofort servieren.

Eingelegte Gemüse

1 Aubergine (250 g), 1 Zucchini (200 g), Salz, 50 g Mehl, 1/8 l Keimöl. Für die Marinade: 1 Packung Tomato al Gusto mit Basilikum, 4 EL Keimöl, 6 EL Sherryessig, Salz, schwarzer Pfeffer, 2 Knoblauchzehen

Die Aubergine und die Zucchini putzen, waschen und der Länge nach in dünne Scheiben schneiden, am besten mit einem Gemüsehobel. Die Auberginenscheiben mit Salz bestreuen, um das Fruchtfleisch zu entwässern. 15 Minuten ziehen lassen und das Salz unter kaltem Wasser abbrausen. Die Scheiben gut trockentupfen. Die Auberginen- und Zucchinischeiben in Mehl wenden und in heißem Öl anbraten. Aus den angegebenen Zutaten eine Marinade rühren, die Knoblauchzehen schälen, durchpressen und ebenfalls dazugeben. Das Gemüse in eine Schüssel oder Schale legen und die Marinade darüber gießen. Sofort warm essen oder 2 - 3 Stunden kühl stellen und durchziehen lassen.

Gefüllte Auberginenröllchen

(für 8 Personen)

400 g Auberginen, 75 ml Olivenöl, Salz, schwarzer Pfeffer. Für die Füllung: 100 g Sonnenblumenkerne, 1 kleine Zwiebel, 1 TL Butter, 1 Knoblauchzehe, 1/2 Bund glatte Petersilie, 200 g geriebener Schafskäse, 1 Eigelb, Salz, schwarzer Pfeffer, 1 Prise Cayennepfeffer. Für die Form: 1 EL Butter. Für die Sauce: 300 g Fleischtomaten, Salz, schwarzer Pfeffer

Die Auberginen waschen, vom Stengelansatz befreien und in 1/2 cm dicke Längsscheiben schneiden. Das Olivenöl in einer Pfanne erhitzen und die Scheiben beidseitig kräftig anbraten. Auf Küchenpapier abtropfen lassen und mit Salz und frisch gemahlenem Pfeffer würzen. Für die Füllung die Hälfte der Sonnenblumenkerne fein mahlen und mit den ganzen Kernen in eine Schüssel geben. Die Zwiebel schälen und fein hacken. Die Butter erhitzen und die Zwiebelwürfel darin weich dünsten. Die Knoblauchzehe schälen, durch die Presse drücken und dazugeben. Die Petersilie waschen, von den Stengeln zupfen und grob hacken. Den Schafskäse mit einer Gabel gut zerdrücken und mit dem Eigelb, der Zwiebelmischung und der Hälfte der Petersilie zu den Sonnenblumenkernen geben. Gut vermischen und mit Salz, frisch gemahlenem Pfeffer und dem Cayennepfeffer pikant abschmecken. Die Mischung auf den Auberginenscheiben verteilen, zu Röllchen formen und in eine gebutterte Auflaufform setzen. Die Tomaten kurz in kochendes Wasser tauchen, häuten, entkernen und grob hacken, zu den Auberginenröllchen geben und mit Salz und frisch gemahlenem Pfeffer überstreuen. Den Backofen auf 200 Grad C vorheizen und die Röllchen auf der mittleren Schiene 30 Minuten garen. Vor dem Servieren mit der restlichen Petersilie bestreuen. *Abbildung unten*

Palmherzen mit Rosinensauce

1 Kopf Salat, 1 Dose Palmherzen, 2 Orangen, 200 g körniger Frischkäse, 150 g Rosinen, 200 g saure Sahne, 150 g Crème fraîche, Saft von 1 Orange, 1/4 TL Curry, 1 Msp. Cayennepfeffer

Den Salat putzen, waschen und trokkenschleudern. Die Palmherzen abtropfen lassen und in Ringe schneiden. Die Orangen bis aufs Fleisch schälen, und das Fruchtfleisch in Spalten aus den Häuten lösen (filieren). Die Vorspeisenteller mit den Salatblättern auslegen und die Palmherzen darauf anrichten. 2 Eßlöffel von dem Frischkäse in die Mitte geben und die Orangenfilets dazulegen. Mit der Hälfte der Rosinen bestreuen. Die restlichen Rosinen hacken. Aus der sauren Sahne, der Crème fraîche und dem Orangensaft eine Sauce rühren. Mit Curry und Cayennepfeffer abschmecken, dann die gewürfelten Rosinen dazugeben. Die Sauce getrennt zum Salat reichen.

Abbildung oben

Geeiste Gurkenspeise

350 g Crème fraîche, Salz, weißer Pfeffer, 4 Knoblauchzehen, 1 Salatgurke, 1 Bund Schnittlauch, 1 Bund Dill, weißer Pfeffer

Die Crème fraîche verrühren, mit Salz und frisch gemahlenem Pfeffer abschmecken. Die Knoblauchzehen schälen und durch die Presse drükken. Die Salatgurke schälen, der Länge nach halbieren und mit einem Teelöffel die Kerne herausschaben. Die Gurke raspeln und mit der Crème fraîche verrühren. Die Kräuter waschen, fein schneiden und zusammen mit dem Knoblauch unter die Masse heben. Kalt stellen. Nochmals mit frisch gemahlenem Pfeffer abschmecken.
Die Gurkenspeise eiskalt mit Weißbrot servieren.

Frisches Dip-Gemüse mit Saucen

2 Chicorée, 3 Zucchini, 4 Karotten

Den Chicorée putzen, waschen und in Blätter teilen. Den bitteren Strunk keilförmig herausschneiden. Die Zucchini und die Karotten waschen, eventuell schälen und in Streifen schneiden. Das Gemüse roh als Vorspeise in die verschiedenen Saucen dippen. *(Rezepte Seite 47)*

Senfsauce

1 Becher Joghurt, 3 EL Crème fraîche, 2 EL Senf, Meersalz, Ingwerpulver

Den Joghurt mit der Crème fraîche und dem Senf glattrühren. Mit Salz und Ingwerpulver abschmecken. Paßt sehr gut zu frischem Gemüse.

Knoblauchsauce

1 Becher Joghurt (Reformhaus), 150 g saure Sahne, Vollmeersalz (Reformhaus), 1 Prise Zucker, etwas Zitronensaft, 5 Knoblauchzehen

Den Joghurt mit der sauren Sahne gut verrühren und mit Salz, dem Zucker und dem Zitronensaft abschmecken. Die Knoblauchzehen schälen, durch die Presse drücken und unter die Joghurtsauce rühren.

Orangensauce

1/2 TL Senf, etwas Curry, 1 EL kaltgepreßtes Sonnenblumenöl (Reformhaus), etwas Apfeldicksaft (Reformhaus), 1 TL Zitronensaft, Saft von 1 Orange, 1 kleine Zwiebel

Den Senf mit Curry, Öl, Apfeldick- und dem Zitronensaft verrühren. Mit dem Orangensaft aufgießen und die feingeriebene Zwiebel hinzufügen.

Gefüllte Avocados

1 Kochbeutel 8-Minuten-Reis (125 g), 200 g blaue Trauben. Für die Marinade: 1 EL Essig, 1 Prise Zucker, Salz, weißer Pfeffer, 1/2 TL Senf, 3 Tropfen Tabascosauce, 4 EL Olivenöl. Außerdem: 200 g Grönlandkrabben, 1 TL Zitronensaft, 2 reife, weiche Avocados. Zum Garnieren: einige Zitronenmelisseblättchen

Den Reis nach Packungsanleitung kochen. Weintrauben waschen, entkernen und vierteln. Aus dem Essig, Zucker, Salz, frisch gemahlenem Pfeffer, der Tabascosauce und dem Öl eine Marinade rühren. Die Krabben mit dem Zitronensaft beträufeln. Den Reis, die Weintrauben und die Krabben in die Marinade geben und durchmischen. Die Avocados waschen, halbieren und entkernen. Die Reisfüllung darauf anrichten, mit den gewaschenen Zitronenmelisseblättchen garnieren und servieren.

Eingelegte Shii-Take-Pilze

400 g Shii-Take-Pilze, 200 ml Weißweinessig, 200 ml trockener Weißwein, 1 Knoblauchzehe, 5 Pfefferkörner, 5 Korianderkörner, Salz, Olivenöl

Die Pilze mit Küchenpapier abreiben und den unteren Teil der Stiele abschneiden. Die Pilze je nach Größe halbieren oder vierteln. Den Essig mit dem Weißwein und den Gewürzen in einem Topf erhitzen. Die Pilze zugeben und 5 Minuten garen. Pilze herausnehmen, auf Küchenpapier legen und mehrere Stunden trocknen lassen. In Einmachgläser füllen und mit Olivenöl auffüllen, bis die Pilze bedeckt sind. Zwei Tage ziehen lassen. Die Shii-Take-Pilze mit Melonenspalten und in Scheiben geschnittenen rohem Schinken servieren.

Abbildung rechts

Roquefortsauce

250 g Quark, etwas Milch, 50 - 80 g Roquefort, etwas Meersalz, etwas Apfeldicksaft (Reformhaus)

Den Quark mit der Milch glattrühren und den Roquefort dazugeben, eventuell durch ein Sieb drücken. Die Masse gut verrühren und mit Salz und Apfeldicksaft abschmecken.

(Zu Rezept "Dipp-Gemüse" S. 46)

Gemüse-Vorspeisenteller

Je 1 rote und grüne Paprikaschote, 200 g Schalotten, 150 g Champignons, 1/8 l Kräuteressig, 4 EL Wasser, 1 Lorbeerblatt, 1 TL Salz, 1/2 TL schwarzer Pfeffer, 1 Chilischote, 1 mittelgroße Zucchini, 8 EL Sojaöl, Salz, schwarzer Pfeffer, 1 Knoblauchzehe, Salz, schwarzer Pfeffer, 1 Bund Basilikum

Die Paprikaschoten halbieren, putzen und auf ein Backblech setzen. Im vorgeheizten Backofen bei 250 Grad C 10 Minuten bräunen, bis die

Haut Blasen wirft. Herausnehmen, etwas abkühlen lassen und die Haut abziehen, dann in Stücke schneiden. Die Schalotten schälen, die Champignons putzen und eventuell waschen. Den Essig, das Wasser, Salz, frisch gemahlenen Pfeffer und das Lorbeerblatt aufkochen lassen. Die Schalotten dazugeben und 15 Minuten gar kochen, dann herausnehmen. Die Chilischote waschen, entkernen, in Ringe schneiden und mit den Champignons im Sud 5 Minuten kochen. Die Zucchini putzen, waschen und in dicke Scheiben schneiden. Die Hälfte vom Öl in einer Pfanne erhitzen und die Scheiben darin goldgelb braten. Mit Salz und frisch gemahlenem Pfeffer würzen. Die Knoblauchzehe schälen und durch die Presse drücken. Das restliche Öl mit dem Knoblauch, Salz und frisch gemahlenem Pfeffer verrühren. Das Basilikum waschen, einige Blättchen zum Garnieren beiseite legen, den Rest in Streifen schneiden und dazugeben. Die Paprikaschoten, Schalotten, Zucchini, Chili und die Champignons auf Teller anrichten und das Basilikumöl darübergeben. Mit Basilikumblättchen garnieren und mit Weißbrot servieren.

Champignons und Frühlingszwiebeln

250 g kleine Champignons, 1/2 Bund Frühlingszwiebeln. Für die Marinade: 1/8 l Hühnerbrühe, 8 EL Weißwein, 3 Knoblauchzehen, 2 - 3 Zweige Rosmarin, Salz, schwarzer Pfeffer, 6 EL Keimöl

Die Champignons putzen und eventuell waschen. Die Frühlingszwiebeln putzen, waschen und in schräge Stücke schneiden. Für die Marinade die Hühnerbrühe mit dem Wein in einen Topf geben. Die Knoblauchzehen schälen, in Scheiben schneiden und mit den Rosmarinnadeln dazugeben, 10 Minuten kochen lassen. Mit Salz und frisch gemahlenem Pfeffer kräftig abschmecken. Die Champignonköpfe dazugeben und etwa 5 Minuten ziehen lassen. Zwiebeln hinzufügen und weitere 2 Minuten ziehen lassen. Den Topf von der Platte nehmen und das Öl über das Gemüse geben. Zugedeckt in der Marinade erkalten lassen.

Wirsingröllchen

(für 6 Personen)

1 Kochbeutel Country-Reis (125 g), 1 Zwiebel, 2 EL Pflanzenöl, 1 EL Semmelbrösel, 1 Ei, Salz, schwarzer Pfeffer, geriebene Muskatnuß, 1 EL gehackte Kräuter, 1 kleinen Wirsingkohl. Zum Braten: 2 EL Pflanzenöl. Außerdem: 1 gestr. TL Gemüsebrühe, 2 EL Cremè fraîche, 1 Tomate

Den Kochbeutel Country-Reis nach Packungsanweisung zubereiten und abkühlen lassen. Die Zwiebel schälen und klein würfeln. Das Pflanzenfett erhitzen und die Zwiebel darin andünsten. Restlichen Zutaten und die Gewürze zum Reis geben und durchmischen. Den geputzten und gewaschenen Wirsing im kochenden Salzwasser 3 Minuten blanchieren. Die Blätter abtrennen und jeweils 1 - 2 Blätter auslegen, die Füllung hineingeben und die Blätter zusammenrollen. Wirsingröllchen in Öl anbraten, mit Kohlwasser auffüllen, die Gemüsebrühe dazugeben und gar schmoren lassen. Die Sauce mit Cremè fraîche binden. Die Tomate waschen, Stielansatz herausschneiden und würfeln. Die Wirsingröllchen auf der Sauce anrichten und mit der gewürfelten Tomate bestreuen.

Carpaccio aus Gemüse

1 Zucchini (200 g), 1 Bund Radieschen, 2 Karotten, 1 Kohlrabi. Für die Marinade: 1 TL Kräutersenf, 2 EL Zitronensaft, Salz, schwarzer Pfeffer, 1 Knoblauchzehe, 4 EL Olivenöl. Zum Garnieren: 4 Stengel glatte Petersilie

Zucchini und die Radieschen putzen, waschen und in klein würfeln. Die Karotten und den Kohlrabi schälen und mit einem Gemüsehobel in dünne Scheiben schneiden. Aus Senf, Zitronensaft, Salz, frisch gemahlenem Pfeffer, durchgepreßter Knoblauchzehe und Olivenöl eine Marinade rühren. Die Petersilie waschen und in Blättchen pflücken. Die Kohlrabi- und Karottenscheiben dekorativ auf vier Teller auflegen, die Zucchini- und Radieschenwürfel darüber streuen und mit der Marinade beträufeln. Das Carpaccio mit den Petersilienblättchen garnieren.

Salate als Vorspeisen

Forellenfilets auf Sommersalat

125 g zarte Keniaböhnchen, Salz, 4 Forellenfilets (250 g), 2 Frühlingszwiebeln, 1 Eichblattsalat, 1 dünne Salatgurke (250 g), Salz, 12 Kirschtomaten. Für die Sauce: 2 Limetten, 1 - 2 TL geriebener Meerrettich, Salz, 1 Prise Zucker, 125 g süße Sahne

Böhnchen putzen und in reichlich kochendem Salzwasser ca. 5 - 6 Minuten blanchieren. Abgießen, kalt abschrecken und abtropfen lassen. Die Forellenfilets häuten und wenn nötig entgräten, dann in schräge 3 cm breite Stücke schneiden. Die Frühlingszwiebeln putzen und schräg in dünne Ringe schneiden. Salat zerpflücken, waschen und trockenschleudern, dann auf den Vorspeisentellern verteilen. Die Gurke waschen, abtrocknen und in dünne Scheiben schneiden. Auf den Salat geben und wenig salzen. Frühlingszwiebeln darüber streuen. Die Tomaten waschen und halbieren. Die Forellenstücke, die Böhnchen und die Tomatenhälften auf dem Salat anrichten. Die Limetten heiß waschen und abtrocknen. Von einer Limette die Schale abreiben und den Saft auspressen, die andere in dünne Scheiben schneiden. Den Limettensaft, die -schale und den Meerrettich verrühren. Mit Salz und Zukker abschmecken. Die Sahne halbsteif schlagen und den Limettensaft einlaufen lassen. Die Sauce über den Salat träufeln. Zum Schluß mit den Limettenscheiben garnieren. Dazu Toastbrot mit Butter servieren.

Brunnenkresse mit Lachs

200 g Brunnenkresse, 150 g Gravad Lachs, 1 Apfel (100 g), 1 Becher Sahne-Dickmilch (175 g), 1 TL frisch geriebener Meerrettich, 1 EL Zitronensaft, Salz, rote Pfefferkörner, 1 Schalotte

Die Brunnenkresse gründlich waschen und trockentupfen. Auf vier Teller verteilen und dazu jeweils etwas Lachs legen. Den Apfel waschen und mit der Schale raspeln. Die Apfelraspeln mit dem geriebenen Meerrettich unter der Dickmilch verrühren. Mit dem Zitronensaft, Salz und dem grobgestoßenen Pfefferkörnern abschmecken. Die Schalotte schälen, fein hacken und über die Brunnenkresse streuen. Die Sauce zum Lachs und der Brunnenkresse geben. Die Vorspeise mit Toastbrot, Baguette oder pikanten Cräckern servieren.

Abbildung Seite 53

Avocadosalat

1/2 Kopf grüner Salat, 1/4 Salatgurke, 2 Frühlingszwiebeln, 1/2 Bund Petersilie, 250 g Kichererbsen aus der Dose, 1 Glas milde Taco-Sauce, 2 EL Olivenöl, 2 EL Apfelessig, 1 Avocado (300 g), 1 Zitrone, 1/2 Bund glatte Petersilie

Den Salat waschen und in Blätter teilen. Die Salatblätter in eine flache Salatschüssel legen. Die Gurke schälen und in Scheiben schneiden. Die Frühlingszwiebeln waschen, putzen und kleinhacken. Die Petersilie waschen und fein schneiden. Die Kichererbsen in ein Sieb gießen und abtropfen lassen. Aus der Taco-Sauce, dem Olivenöl und dem Apfelessig eine Salatsauce rühren. Die Gurkenscheiben, die Zwiebelwürfel, die Petersilie und die Kichererbsen mit der Marinade mischen und auf die Salatblätter geben. Die Avocado schälen, halbieren, entkernen, in Scheiben aufschneiden und auf den Salat verteilen. Die Zitrone auspressen und die Avocadoscheiben damit beträufeln. Die glatte Petersilie waschen und den Salat damit garnieren.

Pikanter Chinakohlsalat

(für 4 - 6 Personen)

750 g Chinakohl, 1 Glas eingelegte Maiskölbchen (ca. 170 g), 10 grüne Oliven mit Paprikafüllung, 150 g magerer, gekochter Schinken. Für das Dressing: 100 ml Kefir, Saft von 1 Zitrone, Salz, schwarzer Pfeffer, etwas Currypulver, 1 Spritzer Worcestersauce

Den Chinakohl halbieren und den harten Strunk herausschneiden. Den Kohl in fingerdicke Streifen schneiden, waschen und abtropfen lassen. Die Maiskolben der Länge nach halbieren, größere nochmals quer teilen und die Oliven ebenfalls halbieren. Den Schinken in ca. 1 cm breite Streifen schneiden. Die Zutaten in eine Schüssel geben und vorsichtig mischen. Den Salat auf vier Teller verteilen. Aus dem Kefir, dem Zitronensaft und den Gewürzen ein Dressing rühren, pikant abschmecken und über den Salat geben.

Bunter Lachs-Salatteller

1 kleiner Friséesalat, 1 Radicchio, 1 Bund Radieschen, 300 g Gravad Lachs in Scheiben, Saft von 1/2 Zitrone, 150 g Crème fraîche, 1 EL Kräutersenf, Salz, weißer Pfeffer, 1 TL Zucker, 1 Bund Dill

Den Salat putzen, waschen und in kleine Stücke zupfen. Radieschen waschen und in Scheiben schneiden. Alles auf vier Portionstellern anrichten und den in Scheiben geschnittenen Lachs dazugeben. Für die Sauce den Zitronensaft mit der Crème fraîche, Kräutersenf, Salz und frisch gemahlenem Pfeffer verrühren und mit dem Zucker abschmecken. Den Dill waschen, von den Stielen zupfen, kleinschneiden und ebenfalls zum Dressing geben. Das Dressing auf die Teller verteilen, nicht über den Salat geben. Den Salatteller mit Toastbrot servieren.

Nudelgerichte

Grüne Lachs-Tagliatelle

1/2 TL Korianderkörner, 1 Petersilienwurzel, 1 Stange Lauch, 2 l Wasser, Salz, 1/2 Bund Dill, 4 Zitronenscheiben, 4 Scheiben Lachs (600 g), 250 g grüne Bandnudeln, 2 l Wasser, Salz, Öl, 100 g Schalotten, 100 g kalte Butter, 1/4 l Fischfond, 250 g süße Sahne, 2 EL trockener Sherry

Den Koriander zerstoßen. Die Petersilienwurzel schälen und in Stücke schneiden. Den Lauch putzen, waschen und in Ringe schneiden. Den Dill waschen und hacken. Das Wasser mit den vorbereiteten Zutaten, Salz und Zitronenscheiben zum Kochen bringen, den Lachs vorsichtig einlegen und 8 Minuten ziehen lassen. Die Nudeln ins kochende Salzwasser geben, das Öl hinzufügen und 10 Minuten al dente kochen, abgießen und warm stellen. Die Schalotten schälen und würfeln. 50 g Butter in einer Pfanne erhitzen und die Schalotten darin glasig dünsten. Mit dem Fischfond und der Sahne aufgießen und einkochen lassen, bis die Sauce leicht sämig wird. Den Lachs von Haut und Gräten befreien und in grobe Stücke zerpflücken. Die restliche Butter in Flöckchen mit einem Schneebesen unter die Sauce schlagen und mit dem Sherry abschmecken.

Die Nudeln auf vier Tellern anrichten, den Lachs darauf legen und die Sauce darüber löffeln.

Pasta mista

3 Tomaten, 1 Packung Tortellini Provençale, 1 Packung Spaghetti Carbonara, 1 Packung Ravioli Verde. Zum Garnieren: 2 Stengel Basilikum, 10 schwarze Oliven

Die Tomaten waschen, den Stielansatz entfernen und in Scheiben schneiden. Die Nudeln nach Packungsanleitung kochen, abtropfen lassen und mit der jeweiligen Sauce vermischen. Dann auf eine vorgewärmte Platte nebeneinander anrichten. Das Basilikum waschen und die Blätter in feine Streifen schneiden. Die Nudeln mit den Oliven, den Tomaten und dem Basilikum garnieren.

Abbildung oben

Krabbensalat mit Nudeln

200 g Nudeln, Salz, 1 EL Öl, je 1 rote und grüne Paprikaschote, 2 Zwiebeln, 300 g Grönland-Krabben. Für die Salatsauce: 4 EL Essig, 2 EL Brühe, 1 TL Zucker, 1 TL süßer Senf, Salz, weißer Pfeffer, 5 EL Öl, 1/2 Bund Petersilie

2 l Salzwasser mit dem Öl zum Kochen bringen, die Nudeln einlegen und 8 - 10 Minuten kochen lassen. Abgießen und unter fließendem kalten Wasser abschrecken, dann abtropfen lassen. Die Paprikaschoten putzen, halbieren, entkernen, waschen und in Streifen schneiden. Die Zwiebeln schälen und in Ringe schneiden. Das Krabbenfleisch mit den Nudeln vermischen. Für die Salatsauce den Essig, die Brühe, den Zucker, den Senf, Salz, frisch gemahlenen Pfeffer und das Öl vermischen. Die Sauce über die Nudel-Krabben-Mischung gießen. Die Petersilie waschen, kleinhacken und ebenfalls unter den Salat mischen. Den Salat vor dem Servieren 30 Minuten durchziehen lassen.

Basilikum-Pesto mit Nudeln

2 l Wasser, Salz, 1 EL Öl, 500 g Nudeln

Das Wasser mit Salz und dem Öl zum Kochen bringen, die Nudeln einlegen, aufkochen lassen, umrühren und bei geringer Hitze mit geöffnetem Deckel 6 - 10 Minuten, je nach Sorte, kochen. Die Nudeln müssen noch al dente sein, das heißt, sie müssen noch Biß haben. Hin und wieder anhand einer Nudel kontrollieren, dann in ein Sieb geben und mit kaltem Wasser abschrecken, beiseite legen. Das Basilikum-Pesto (Rezept s. Seite 59) zubereiten. Die Nudeln mit Öl in einem Topf erhitzen, das Pesto darübergeben, umrühren und heiß servieren.

Basilikum-Pesto

2 Bund Basilikum, 4 große Knoblauchzehen, Salz, weißer Pfeffer, 4 EL frisch gemahlener Parmesan, 1/8 l Olivenöl

Für das Pesto das Basilikum waschen, abtropfen lassen und die Blätter von den Stengeln zupfen. Die Knoblauchzehen schälen und mit den Basilikumblättern, Salz und frisch gemahlenem Pfeffer in einem Mörser zu einer Paste zerreiben. Nach und nach den Parmesan und das Öl dazugeben, bis eine dicke Paste entsteht.

Nudeln mit Meeresfrüchten

(für 6 Personen)

250 g extra breite Nudeln, Salz, 1 - 2 EL Öl, 1 kg frische Miesmuscheln, 4 Knoblauchzehen, 1/8 l Fleischbrühe, 150 g Crème fraîche, 400 g Rotbarschfilet, 1 EL Zitronensaft, schwarzer Pfeffer, 100 g Grönland-Krabbenfleisch, 12 schwarze Oliven, 1 Bund Basilikum

Die Nudeln in Salzwasser mit dem Öl 10 Minuten garen, abgießen, kalt abschrecken und warm stellen. Die Muscheln mit einer Bürste gründlich abbürsten und unter kaltem Wasser abspülen, offene aussortieren. Die übrigen Muscheln in einen großen Topf geben. Die Knoblauchzehen schälen und in Scheiben schneiden. Die Brühe und Knoblauchzehen zu den Muscheln geben. Zugedeckt 8 - 10 Minuten kräftig kochen lassen. Dabei den Topf mehrmals schütteln, damit alle Muscheln gleichzeitig gar werden. Sobald alle Muscheln geöffnet sind, sie durch ein Sieb schütten und den Sud in einem Topf auffangen. Geschlossene Muscheln aussortieren. Die Muscheln aus den Schalen lösen. Die Hälfte des Muschelsuds mit zwei Drittel der Crème fraîche in einem Topf aufkochen. Das Fischfilet waschen, trockentupfen, in Würfel schneiden und mit Zitronensaft säuern. Zum Sud geben und zugedeckt 5 Minuten ziehen lassen. Mit Salz und frisch gemahlenem Pfeffer abschmecken. Das Muschelfleisch und die Krabben dazugeben und erhitzen. Die heißen Nudeln mit den Meeresfrüchten und den Oliven mischen, dann auf Portionsteller verteilen. Den restlichen Sud mit der Crème fraîche verrühren. Das Basilikum waschen, einige Blättchen zurückbehalten und den Rest kleinschneiden und ebenfalls untermischen. Die Sauce über die Nudelportionen gießen, mit Muschelschalen und Basilikumblättchen gefällig anrichten.

Maccaroni mit frischen Champignons

500 g Champignons, 1 EL Zitronensaft, 1 Zwiebel, 30 g Butter, 1 Prise Salz, weißer Pfeffer, 1 Packung Maccaroni mit Tomatensauce und Parmesello-Käse, 1 EL Butter, 1 Bund glatte Petersilie

Die Champignons putzen, falls nötig waschen und je nach Größe halbieren oder vierteln. Mit dem Zitronensaft beträufeln. Die Zwiebel schälen und würfeln. Die Butter in einer Pfanne erhitzen und die Zwiebeln darin andünsten. Die Champignons dazugeben und 15 Minuten mitdünsten. Mit Salz und frisch gemahlenem Pfeffer abschmecken. Die Petersilie waschen und in Blättchen zupfen. Die Maccaroni und die Tomatensauce nach Anleitung auf der Packung zubereiten. Die gekochten gut abgetropften Maccaroni mit der Butter, den Champignons und den Petersilienblättern locker mischen. Die Nudeln portionsweise mit der Tomatensauce anrichten. Mit dem Parmesello-Käse aus der Packung bestreuen. Dazu paßt ein grüner Salat. *Abbildung rechts*

Nudelpudding

(für 6 Personen)

2 l Wasser, 2 EL Salz, 2 EL Öl, 250 g Hörnchen.
Außerdem: 2 Knoblauchzehen, 125 g roher Schinken, 3 Eiweiß, 1 EL Butter, 50 g Emmentaler

Das Wasser mit dem Salz und dem Öl zum Kochen bringen, die Nudeln einlegen, aufkochen lassen, umrühren und bei geringer Hitze, mit geöffnetem Deckel 6 - 12 Minuten je nach Sorte kochen lassen. Die Nudeln müssen noch al dente sein, das heißt, sie müssen noch Biß haben. Die Sauce Béchamel nach (Rezept s. unten) zubereiten. Die Nudeln in eine Schüssel geben. Die Knoblauchzehen schälen und würfeln. Den Schinken ebenfalls würfeln, mit den Knoblauchzehen und der Sauce Béchamel unter die Nudeln mischen. Die Eiweiße steif schlagen und ebenfalls unterheben. Eine hohe Puddingform mit der Butter einfetten und die Nudelmasse einfüllen, sie darf aber nur zu dreiviertel gefüllt sein, da der Pudding sich noch ausdehnt, dann den Deckel aufsetzen. Die Bratenpfanne vom Backofen mit ca. 2 cm Wasser füllen, die Puddingform hineinstellen und im vorgeheizten Backofen bei 180 Grad C ca. 60 Minuten garen. Den Käse reiben. Nach dem Garen vorsichtig auf eine Platte stürzen, mit dem Käse bestreuen und mit Sauce Béchamel (Rezept s. unten) sofort servieren.

Sauce Béchamel

40 g Butter, 40 g Mehl, 1/4 l Milch, 250 g süße Sahne, 3 Eigelb, Salz, weißer Pfeffer, geriebene Muskatnuß, 2 EL Butter

Die Butter in einen Topf geben und zerlaufen lassen, das Mehl unter Rühren dazugeben und eine helle Mehlschwitze kochen. Wenn die Mehlschwitze kraus aussieht, die Milch langsam unter Rühren einlaufen lassen. Die Sahne mit den Eigelben verquirlen, unter die nicht mehr kochende Sauce rühren. Mit Salz, frisch gemahlenem Pfeffer und Muskatnuß abschmecken, dann die restliche Butter unterziehen. Die Sauce darf nun nicht mehr kochen, da sie sonst gerinnt.

Mousses -Terrinen - Soufflés

Forellensoufflé mit Wermutsauce

2 Schalotten, 1 EL Butter, 500 g geräucherte Forellenfilets, 70 g Semmelbrösel, 2 Eiweiß, 1/2 TL Salz, weißer Pfeffer, 400 g süße Sahne, 1/2 Bund Estragon. Für die Form: 1 EL Butter

Die Schalotten schälen und fein würfeln. Die Butter in einer Pfanne erhitzen und die Schalotten darin glasig dünsten, zum Auskühlen in den Kühlschrank stellen. Das Forellenfilet in Stücke zerteilen. Die Semmelbrösel durchsieben, so daß sie ganz fein sind. Die Eiweiße zu steifem Schnee schlagen. Den Fisch mit den Schalotten fein pürieren, mit Salz und frisch gemahlenem Pfeffer abschmecken, dann die Semmelbrösel einarbeiten. Die Eiweiße vorsichtig unterheben. Die Sahne steif schlagen und unter die Fischfarce heben. Estragon waschen, schneiden und ebenfalls unter die Farce geben. Eine feuerfeste Souffléform oder Schüssel mit der Butter, bis 1 cm unter dem Rand, einfetten und die Masse einfüllen. In die Bratenpfanne vom Backofen 2 cm Wasser einfüllen und den Herd auf 220 Grad C vorheizen lassen, das Gericht hineingeben, den Herd auf 180 Grad C zurückschalten und 15 Minuten im Wasserbad garen. Danach noch etwas im ausgeschalteten Backofen ruhen lassen, damit sich die Eiweiße verfestigen. Mit Stangenweißbrot, Wermutsauce (Rezept s. Seite 64) und Feldsalat servieren.

Wermutsauce

4 Schalotten, 2 EL Butter, 1/8 l trockener Wermut, 1/4 l Fischfond, 200 g Crème double, 100 g süße Sahne

Die Schalotten schälen und fein hacken. Die Butter in einer Pfanne erhitzen und die Schalotten glasig dünsten. Mit einem Schuß Wermut ablöschen und 5 Minuten dünsten lassen, die Flüssigkeit fast verkochen lassen, dann mit dem restlichen Wermut aufgießen. Mit dem Fischfond auffüllen und auf ein Drittel der Flüssigkeit einkochen lassen. Anschließend die Crème double einrühren und 5 Minuten leicht köcheln lassen. Die Sauce durch ein Sieb gießen. Die Sahne steif schlagen und unterheben. Zu Forellensoufflé (Rezept S. 63) servieren.

Mousse von Räucherfisch

150 g Schillerlocken, 200 g süße Sahne, 2 EL Crème fraîche, 2 Frühlingszwiebeln, 1/2 Bund glatte Petersilie, 1 EL eingelegte grüne Pfefferkörner, 6 Blatt weiße Gelatine, 3 cl Aquavit, 1/4 l Tomatensaft, einige Spritzer Worcestersauce. Zum Garnieren: einige Dillzweige, 2 Blatt Eichblattsalat, 1 kleine Zwiebel

Die Schillerlocken mit Küchenpapier abreiben und mit einer Gabel grob zerpflücken. Mit 3 Eßlöffeln Sahne und der Crème fraîche im Mixer pürieren. Die Frühlingszwiebeln putzen und in ganz feine Ringe schneiden. Die Petersilie waschen, trockentupfen und fein schneiden. Beides mit den zerdrückten Pfefferkörnern unter das Fischpüree rühren. 2 Blatt von der Gelatine in kaltem Wasser einweichen, dann ausdrücken und unter Rühren im Topf auflösen. 2 cl vom Aquavit unterrühren. Die restliche Sahne steif schlagen und ebenfalls unterheben. Die Mousse mit Salz abschmecken und in ovale Pastenförmchen mit rundem Boden füllen. Die Förmchen 3 - 4 Stunden kalt stellen. Die restliche Gelatine ebenfalls einweichen, ausdrücken und im Kochtopf unter Rühren auflösen, den restlichen Aquavit dazugeben und mit dem Tomatensaft mischen. Mit Salz und Worcestersauce abschmecken, dann in einen kalt

ausgespülten tiefen Teller gießen. Ebenfalls fest werden lassen und fein würfeln. Die Mousseförmchen jeweils auf einen Teller stürzen und mit den Tomatenwürfeln umlegen. Den Dill waschen und in kleine Zweige pflücken. Den Eichblattsalat waschen und teilen. Die Zwiebel schälen und in dünne Ringe schneiden. Die Mousse mit dem Dill, den Salatblättern und den Zwiebelringen garnieren. *Abbildung Seite 65*

Lachspastete

2 Schalotten, 1 EL Butter, 500 g Lachsfilet, 70 g Semmelbrösel, 2 Eiweiß, 1/2 TL Salz, weißer Pfeffer, 1 Msp. Muskatnuß, 400 g süße Sahne, 1/2 Bund Dill. Für die Form: 1 EL Butter

Die Schalotten schälen und fein würfeln. Die Butter in einer Pfanne erhitzen und die Schalotten darin glasig dünsten, zum Auskühlen in den Kühlschrank stellen. Den Fisch waschen, entgräten, trockentupfen und in Würfel schneiden. Die Semmelbrösel durchsieben, so daß sie ganz fein sind. Die Eiweiße zu steifem Schnee schlagen. Den Fisch mit den Schalotten fein pürieren, mit Salz, frisch gemahlenem Pfeffer und Muskatnuß abschmecken, dann die Semmelbrösel einarbeiten. Das Eiweiß vorsichtig unterheben. Die Sahne steif schlagen und unter die Fischfarce heben. Den Dill waschen, fein schneiden und ebenfalls unter die Farce geben. Eine feuerfeste hohe Porzellanform oder Schüssel mit der Butter, bis 1 cm unter dem Rand, einfetten und die Masse hineingeben. In die Bratenpfanne 2 cm Wasser einfüllen und den Backofen auf 220 Grad C vorheizen, die Form hineingeben, den Ofen auf 180 Grad C zurückschalten und 15 Minuten im Wasserbad garen. Danach noch etwas im abgestellten Backofen stehenlassen, damit sich das Eiweiß verfestigt. Mit französichem Weißbrot und Wermutsauce (Rezept s. Seite 64) servieren.

Aal in Aspik

(für 6 Personen)

1 kg frischer Aal (enthäutet), Saft von 1 Zitrone, 3/4 l Wasser, 1 TL Senfkörner, 4 Pimentkörner, 1 TL Pfefferkörner, 1 Lorbeerblatt, 1 Karotte, 1/2 TL Salz, Zucker, 1/8 l Weißwein, 1/8 l Essig, 16 Blatt weiße Gelatine, einige Stengel glatte Petersilie

Den Aal waschen, in Stücke schneiden und mit dem Zitronensaft beträufeln. Das Wasser mit den Gewürzen und der geschälten Karotte 15 Minuten kochen lassen. Den Sud durch ein Sieb gießen. Die Karotte in Scheiben schneiden. Das Salz, Zucker, den Wein und den Essig in den Sud geben, dann erhitzen. Die Aalstücke 15 - 20 Minuten im Sud ziehen, nicht kochen, lassen. Die Gelatine in kaltem Wasser 10 Minuten einweichen, ausdrücken und im Sud auflösen. Abkühlen lassen und als dünne Schicht (Spiegel) in eine rechteckige oder runde Form gießen. Im Kühlschrank erstarren lassen. Die Petersilie waschen und die einzelnen Blättchen abzupfen. Auf den erstarrten Spiegel, die Karottenscheiben, Petersilienblätter und die Aalstücke legen. Den restlichen Sud darüber gießen. Im Kühlschrank 2 - 3 Stunden erstarren lassen. Mit einem in heißes Wasser getauchtes Messer in Portionsstücke aufteilen.

Das Aspik mit einigen grünen Salatblättern und Remouladensauce (Fertigprodukt) servieren.

Entenlebermousse

250 g Entenleber, 2 EL Butterschmalz, 3 Schalotten, 1/8 l Sherry, 125 g süße Sahne, 150 g weiche Butter, Salz, weißer Pfeffer, Zitronensaft, 1/2 TL Thymian, je 50 g Friséesalat, Radicchio, Feldsalat, 3 EL Sherryessig, 4 EL Walnußöl, 1 EL Sesamsamen

Die Entenleber säubern, in die natürlichen Hälften teilen und im heißen Butterschmalz rundum 5 Minuten braten, dann abkühlen lassen. Die Schalotten schälen, fein hacken und im verbliebenen Fett weich dünsten. Mit dem Sherry ablöschen und um die Hälfte einkochen. Die Sahne steif schlagen. Die Entenleber mit den Schalotten und der Butter im Mixer zu einer geschmeidigen Masse verarbeiten. Die Sahne unterheben und mit Salz und frisch gemahlenem Pfeffer, dem Zitronensaft und dem Thymian würzen. Die Mousse mindestens 2 Stunden kalt stellen. Inzwischen den Salat putzen, waschen und abtropfen lassen. Den Sherryessig mit Salz verrühren, bis es sich aufgelöst hat, dann das Walnußöl in dünnem Strahl dazufließen lassen und unter ständigem Rühren mit dem Schneebesen schlagen. Die Sauce mit frisch gemahlenem Pfeffer abschmecken. Den Sesam in einer beschichteten Pfanne goldgelb anrösten. Von der Entenlebermousse mit einem angefeuchteten Eßlöffel Nocken abstechen, auf vier Teller verteilen, den Salat daneben legen und mit dem Sesamsamen bestreuen. *Abbildung rechts*

Spanferkel in Aspik

(für 8 Personen)

1/2 Spanferkelkopf, 2 Schweinefüße, 2 Bund Suppengrün, 1 Zwiebel, 3 Knoblauchzehen, 300 g Spanferkelfleisch (Nacken oder Hals), 2 Nelken, 8 Pfefferkörner, 2 Lorbeerblätter, 4 Zitronenscheiben, 1/8 l Essig. Zum Garnieren: 1 hartgekochtes Ei, 1 Gewürzgurke, 1 Bund Petersilie

Den Schweinekopf und die Schweinefüße überbrühen, Kopf und Fuß etwas zerkleinern, mit 2 l kaltem Wasser ansetzen, aufkochen und abschäumen. Das Suppengrün putzen, die Zwiebel und Knoblauchzehen schälen und zerkleinern, dann mit dem Spanferkelfleisch, den Gewürzen, den Zitronenscheiben und dem Essig in den Schnellkochtopf geben und 20 - 25 Minuten kochen. Im normalen Kochtopf ca. 90 Minuten kochen. Den Sud erkalten lassen und überschüssiges Fett abheben. Den Sud durch ein Sieb gießen, im Topf erhitzen und etwas einkochen lassen. Mit Salz und etwas Essig nochmals abschmecken. Das Fleisch von den Knochen lösen und mit dem Spanferkelfleisch in Scheiben schneiden. Das Ei und die Gewürzgurke in Scheiben schneiden. Eine flache rechteckige Schale oder 8 kleine Glasschüsselchen mit den Ei- und Gurkenscheiben sowie der Petersilie auslegen. Die Fleischscheiben darauf legen, mit dem Kochsud übergießen und kalt stel-

SHERRY

len. Das Aspik in Scheiben schneiden und je 2 dünne Scheiben auf einem Teller anrichten. Mit etwas Feldsalat und einigen Kirschtomaten garniert zu einer Frankfurter Grünen Sauce (Rezept s. unten) servieren.

Frankfurter Grüne Sauce

150 g saure Sahne, Salz, weißer Pfeffer, 1 Prise Zucker, 1/2 TL Senf, Saft von 1 Zitrone, 3 hartgekochte Eier, 1 Bund gemischte Kräuter (z. B. Borretsch, Estragon, Kerbel, Petersilie, Sauerampfer, Pimpinelle, Schnittlauch)

Die saure Sahne mit Salz, frisch gemahlenem Pfeffer, dem Zucker, dem Senf und dem Zitronensaft glattrühren. Die Eier kleinhacken und zusammen mit den gewaschenen, feingeschnittenen Kräutern in die Sauce geben, durchrühren und eventuell nochmals abschmecken.

Forellenpastete mit Estragonsauce

2 Schalotten, 1 EL Butter, 500 g geräucherte Forellenfilets, 70 g Semmelbrösel, 2 Eiweiß, 1/2 TL Salz, weißer Pfeffer, 400 g süße Sahne, 1/2 Bund Estragon. Für die Form: 1 EL Butter

Die Schalotten schälen und fein würfeln. Die Butter in einer Pfanne erhitzen und die Schalotten darin glasig dünsten, dann zum Auskühlen in den Kühlschrank stellen. Das Forellenfilet in Stücke zerteilen. Die Semmelbrösel durchsieben, so daß sie ganz fein sind. Die Eiweiße zu steifem Schnee schlagen. Den Fisch mit den Schalotten fein pürieren, mit Salz und frisch gemahlenem Pfeffer abschmecken, dann die Semmelbrösel einarbeiten. Die Eiweiße vorsichtig unterheben. Die Sahne steif schlagen und unter die Fischfarce geben. Den Estragon waschen, fein schneiden und ebenfalls unter die Masse mischen. Eine feuerfeste hohe Porzellanform oder Schüssel mit der Butter, bis 1 cm unter dem Rand, einfetten und die Masse einfüllen. In die Bratenpfanne vom Backofen 2 cm Wasser einfüllen und den Herd auf 220 Grad C vorheizen, das Gericht hineingeben, den Ofen auf 180 Grad C zurückschalten und 15 Minuten im Wasserbad garen. Danach noch etwas im ausgeschalteten Backofen ruhen lassen, damit sich der Eischnee verfestigt. Mit der Estragonsauce (Rezept s. unten) und Friséesalat servieren.

Estragonsauce

4 Schalotten, 2 EL Butter, 4 cl trockener Wermut, 100 ml trockener Riesling, 1/4 l Fischfond, 200 g Crème double, 1 Bund Estragon, 100 g süße Sahne

Die Schalotten schälen und fein hacken. Die Butter in einer Pfanne erhitzen und die Schalotten glasig dünsten. Mit dem Wermut ablöschen und 5 Minuten dünsten lassen. Die Flüssigkeit fast verkochen lassen, dann den Wein dazugießen. Mit dem Fischfond auffüllen und auf ein Drittel der Flüssigkeit einkochen. Anschließend die Crème double einrühren und 5 Minuten leicht köcheln lassen. Die Sauce durch ein Haarsieb gießen. Den Estragon waschen und fein hacken, dann unter die Sauce mischen. Die Sahne steif schlagen und unter die Sauce heben.

Avocadomousse mit Roquefort

3 mittlere Avocado (je 250 g), Saft von 1 Zitrone, 125 g Roquefort, weißer Pfeffer, 125 g Crème fraîche

Die Avocados halbieren, die Schalen dabei nicht beschädigen, den Kern entfernen und das Fruchtfleisch herausheben. Mit dem Zitronensaft beträufeln und gut durchmischen. Das Fruchtfleisch mit dem Roquefort im Mixer pürieren und mit frisch gemahlenem Pfeffer abschmecken. Crème fraîche mit einem Schneebesen gut durchrühren und unter die Avocadomasse heben. Die fertige Mousse in Avocadohälften füllen und servieren.

Broccoli-Timbale mit Walnußsauce

300 g geputzter Broccoli, 15 g Butter, 200 ml Geflügelfond, Salz, weißer Pfeffer, 1 Msp. geriebene Muskatnuß, 4 cl Sherry, 2 Eier, 50 g süße Sahne. Für die Form: 1 EL Butter. Für die Sauce: 250 g süße Sahne, 1 Eigelb, 20 g feingehackte Walnußkerne, 4 cl Sherry, Salz, weißer Pfeffer

Den Broccoli putzen, waschen und in Röschen teilen. Die Butter in einem Topf erhitzen. Den Geflügelfond dazugeben und den Broccoli mit Salz, frisch gemahlenem Pfeffer und der Muskatnuß in 15 Minuten weich dünsten. Mit dem Mixstab pürieren und durch ein feines Sieb streichen. Den Sherry, die Eier und die Sahne unterrühren und abschmecken. Die Timbaleförmchen mit der Butter ausfetten und die Masse gleichmäßig einfüllen. Den Backofen auf 200 Grad C vorheizen und die Förmchen im Wasserbad 20 - 25 Minuten garen. Für die Sauce die Sahne in einen Topf gießen und bei Mittelhitze auf die Hälfte einkochen lassen. Das Eigelb einrühren, die Walnußkerne und den Sherry hinzufügen, leicht erhitzen, dann mit Salz und frisch gemahlenem Pfeffer abschmecken. Die Förmchen auf vorgewärmte Teller stürzen und die Sauce dazu servieren.

Abbildung rechts

Sülzchen von Geflügel

(für 8 Personen)

1 Poularde (1,2 kg), 1 l Wasser, 1 Suppengrün, 2 Karotten, 1 Zwiebel, 1 Lorbeerblatt, 4 Nelken, Salz, 10 Pfefferkörner, 9 Blatt weiße Gelatine, 1 rote Paprikaschote, 150 g Champignons, 125 g tiefgefrorene Erbsen, 3/4 l Hühnerbrühe, 8 EL Essig-Essenz 25%. Zum Garnieren: Kirschtomaten, Basilikum oder Petersilie

Die Poularde waschen und in kaltem Wasser ansetzen. Das Suppengrün putzen und dazugeben. Die Karotten und die Zwiebel schälen,

mit dem Lorbeerblatt, den Nelken, Salz und Pfefferkörnern dazugeben, dann 40 Minuten kochen lassen. Das Hühnerfleisch von den Knochen lösen und in mundgerechte Stücke schneiden. Die Karotten in Scheiben schneiden. Die Brühe durch ein Sieb gießen und auf 3/4 l einkochen. Die Gelatine in kaltem Wasser einweichen. Die Paprikaschote putzen, waschen, halbieren, entkernen und in Würfel schneiden. Die Champignons putzen, eventuell waschen und in Scheiben schneiden. Die Paprikaschote, die Champignons und die Erbsen 2 Minuten in der Brühe garen. Durch ein Sieb gießen. Die ausgedrückte Gelatine in der Hühnerbrühe auflösen und mit Essig-Essenz abschmekken. Das Gemüse und das Fleisch in kleine kalt ausgespülte Förmchen geben. Die Fleischbrühe darüber gießen und im Kühlschrank erstarren lassen. Die Sülzchen mit halbierten Kirschtomaten und Basilikum- oder Petersilienblättern garniert servieren.

Käsesoufflé

400 g geriebener Emmentaler, 400 g süße Sahne, 80 g Mehl, weißer Pfeffer, 1/2 Bund Petersilie, 4 Eigelb, 6 Eiweiß. Für die Form: 1 EL Butter

Den Käse reiben, mit der Sahne und dem Mehl verrühren, dann mit frisch gemahlenem Pfeffer abschmecken. Die Petersilie waschen und kleinschneiden. Die Eigelbe verquirlen und mit der Petersilie unter die Masse rühren. Die Eiweiße zu steifem Schnee schlagen und unter die Käse-Masse heben. Eine feuerfeste Souffléform oder Schüssel mit der Butter, bis 1 cm unter dem Rand, einfetten und die Masse hineingeben. In die Bratenpfanne vom Backofen 2 cm Wasser einfüllen und den Backofen auf 220 Grad C vorheizen. Das Soufflé hineinstellen, den Herd auf 180 Grad C zurückschalten und 25 Minuten im Wasserbad garen. Das Soufflé danach noch etwas im ausgeschalteten Backofen stehenlassen, damit sich das Eiweiß verfestigt.
Das Soufflé sofort mit einem Feldsalat servieren.

Krebssoufflé

400 g süße Sahne, 80 g Mehl, Salz, weißer Pfeffer, 1/2 Bund Dill, 4 Eigelb, 200 g Krebsfleisch, 6 Eiweiß. Für die Form: 1 EL Butter

Die Sahne mit dem Mehl verrühren, dann mit Salz und frisch gemahlenem Pfeffer abschmecken. Den Dill waschen und kleinschneiden. Die Eigelbe verquirlen, mit Dill und dem Krebsfleisch unter die Masse rühren. Die Eiweiße zu steifem Schnee schlagen und unter die Krebsmasse heben. Eine feuerfeste Souffléform oder Schüssel mit der Butter, bis 1 cm unter dem Rand, einfetten und die Masse hineingeben. In die Bratenpfanne vom Backofen 2 cm Wasser einfüllen und den Backofen auf 220 Grad C vorheizen. Das Soufflé hineinstellen, den Ofen auf 180 Grad C zurückschalten und 25 Minuten im Wasserbad garen. Das Soufflé danach noch etwas im ausgeschalteten Backofen stehenlassen, damit sich das Eiweiß verfestigt. Das Soufflé sofort servieren.

Fischterrine

1 Blumenkohl, 1 l Wasser, Salz, 1 EL Zitronensaft, 7 EL süße Sahne, 3 EL Crème fraîche, 1 Ei, 1 Eigelb, Salz, weißer Pfeffer, geriebene Muskatnuß, 1 EL Butter, 6 Seezungenfilets. Zum Garnieren: 8 Salatblätter. Für die Salatsauce: 3 EL Weinessig, Salz, weißer Pfeffer, 3 EL Olivenöl

Den Blumenkohl waschen und in Röschen teilen. Wasser, Salz und Zitronensaft in einen Topf geben und die Blumenkohlröschen 5 Minuten kochen lassen, abschrecken und beiseite stellen. Aus der Sahne, der Crème fraîche, dem Ei und dem Eigelb eine Sauce rühren, mit Salz, frisch gemahlenem Pfeffer und Muskatnuß abschmecken. Die Seezungenfilets am besten vom Fischhändler filieren lassen und würfeln. Eine feuerfeste Form mit Butter einfetten, die Blumenkohlröschen und die Fischwürfel einlegen und die Ei-Sahne-Mischung darüber gießen. Die Bratenpfanne vom Backofen ca. 2 cm hoch mit Wasser füllen, den Ofen auf 180 Grad C vorheizen und 45 Minuten im Wasserbad garen. Kalt stellen. Das Gericht in Scheiben aufschneiden, auf jeden Teller ein Salatblatt legen und die Terrinen-Scheiben daraufgeben. Aus dem Essig, Salz, frisch gemahlenem Pfeffer und Öl eine Salatsauce rühren und über die Salatblätter träufeln, dazu Weißbrot servieren.

Exotische Überraschungen

Spinatsalat mit Sesam

250 g Blattspinat, 1 Glas Sojasprossen, 2 Karotten.
Für die Sauce: 1 Bund Schnittlauch, 2 EL dunkle Sojasauce, 3 EL Obstessig, 2 EL Sesamöl, 2 TL Zucker, Salz, weißer Pfeffer.
Außerdem: 1 EL Butter, 2 EL Sesamsamen

Die Spinatblätter waschen und verlesen. Im kochenden Salzwasser 10 Sekunden blanchieren, sofort kalt abschrecken, abtropfen lassen und in Streifen schneiden. Die Sojasprossen abgießen, waschen und abtropfen lassen, beiseite stellen. Die Karotten schälen und fein raspeln. Die Spinatstreifen mit den Sojasprossen und den Karotten mischen. Den Schnittlauch waschen und in Röllchen schneiden, mit der Sojasauce, dem Obstessig, dem Sesamöl, dem Zucker, Salz und frisch gemahlenem Pfeffer ein Salatdressing rühren. Das Dressing über den Salat verteilen und nochmals vorsichtig durchmischen. Butter in einer Pfanne heiß werden lassen und die Sesamsamen darin leicht anrösten. Den Samen über den fertigen Salat streuen und sofort servieren.

Spanischer Salat

1 Friséesalat oder Römersalat, 4 Orangen, 4 kleine Fleischtomaten, 2 rote Zwiebeln, 4 hartgekochte Eier, 50 g Forellenkaviar, 12 Sprotten, 8 Sardellenfilets in Öl, Salz, schwarzer Pfeffer. Für die Marinade: 2 EL Weinessig, 8 EL Olivenöl, Salz, schwarzer Pfeffer

Den Salat putzen, in Blätter zerteilen, waschen und trockentupfen. Vier große Teller damit auslegen. Die Orangen dick schälen, quer in Scheiben schneiden und beiseite stellen. Die Tomaten waschen, den Stielansatz herausschneiden, 2 davon in Scheiben oder Achtel zerteilen, die restlichen überbrühen, schälen, entkernen und in kleine Stücke scheiden. Zwiebeln schälen und in dünne Ringe aufschneiden. Die Eier schälen, halbieren und den Kaviar darauf geben. Die Orangen- und die Tomatenscheiben auf den Tellern verteilen, die Zwiebelringe dazwischenlegen. Die Eihälften dazugeben und die Sprotten dazwischen anordnen. Sardellen in Stückchen schneiden und darüber streuen, ebenso die Tomatenwürfel. Mit Salz und frisch gemahlenem Pfeffer überstreuen. Essig und Olivenöl verrühren, mit Salz und frisch gemahlenem Pfeffer abschmecken und übergießen. *Abbildung Seite 77*

Gefüllte Mangoldröllchen

(für 6 Personen)

500 g Mangold. Für die Füllung: 6 getrocknete chinesische Baumpilze (Mu-err), 250 g gekochtes Hühnerfleisch, 6 Schalotten, 4 EL Sesamöl, 2 EL helle Sojasauce, 1/2 TL Zucker, Salz, 1/4 TL Fünf-Gewürz-Pulver, 200 g Bambussprossen aus der Dose

Den Mangold waschen, die Stiele abschneiden und die Blätter 1 Sekunde im kochenden Wasser blanchieren, beiseite stellen. Die Pilze in Wasser ca. 30 Minuten einweichen. Das gekochte Hühnerfleisch in kleine Stücke schneiden. Die Schalotten schälen und würfeln. Das Öl in eine Pfanne geben und erhitzen. Die Schalotten goldgelb anbraten, das Hühnerfleisch und die Sojasauce dazugeben und unter Rühren erwärmen. Mit Zucker, Salz und Fünf-Gewürz-Pulver abschmecken. Die Bambussprossen abtropfen lassen, in Streifen schneiden und mit den ausgedrückten, etwas zerkleinerten Pilzen dazugeben. Die Mangoldblätter ausbreiten, auf jedes Blatt etwas von der Sauce geben und ca. 2 Eßlöffel von der Füllung darauf verteilen. Die Mangoldblätter wie eine Roulade aufrollen und servieren. Füllung kann heiß und kalt serviert werden.

Salat mit Krabben und Orangenfilets

1 Glas Sojasprossen, 2 Orangen, 250 g Chicorée, 100 g Krabbenfleisch, frisch oder aus der Dose. Für die Sauce: 2 EL Crème fraîche, 8 EL Schlagsahne, 2 EL Tomatenketchup, Cayennepfeffer, 2 EL Walnußkerne

Die Sojasprossen abgießen, waschen, abtropfen lassen und beiseite stellen. Die Orangen bis auf das Fruchtfleisch schälen, es darf keine weiße Haut mehr sichtbar sein. Danach die Orangen filieren. Den Chicorée putzen, den festen, bitteren Keil entfernen, dann waschen und in feine Ringe schneiden. Die Sojasprossen mit den Orangenfilets, dem Chicorée und dem Krabbenfleisch mischen. Die Crème fraîche mit der Sahne und dem Ketchup verrühren, mit Cayennepfeffer abschmecken und die Sauce über den Salat gießen. Die Walnußkerne hacken und über den Salat streuen. Baguette dazu reichen.

Spanische Sardinen als Tapas

1 großes Glas eingelegte Sardinen, 10 Knoblauchzehen, 2 Bund Petersilie, Olivenöl

Die Fischchen aus dem Glas nehmen, die Sauce wegschütten und die Sardinen unter fließendem kalten Wasser gut abspülen. Wieder ins Glas zurückgeben und mit Wasser auffüllen. Einige Stunden wässern. Danach nochmals waschen und gut abtropfen lassen. Die Knoblauchzehen schälen und fein hacken. Die Petersilie waschen und kleinschneiden. Die Fische mit dem Knoblauch und der Petersilie schichtweise in ein Glas mit verschließbarem Deckel legen. Mit dem Olivenöl auffüllen, bis die Fische bedeckt sind und 1 Tag gut gekühlt ziehen lassen. Die Sardinen auf grünem Salat servieren.

Linsensprossen-Salat

150 g getrocknete Linsen (ergeben 300 g Linsensprossen), 100 g rote Zwiebeln, 8 Walnußkerne, 2 Frühlingszwiebeln, 2 rosa Grapefruits, 4 EL Ingwer-Essig (Rezept s. unten), 10 g eingelegter Ingwer, etwas Ingwersirup, 2 EL Sesamöl, 1 Msp. gemahlener Kümmel, 1 Msp. Chilipulver

Die Linsen über Nacht in kaltem Wasser einweichen. Am nächsten Tag das Wasser abgießen, die Linsen kalt abspülen und in eine flache Schale geben. Zugedeckt bei ca. 20 Grad C stehenlassen. Mehrmals täglich mit Wasser besprühen, nach 2 - 3 Tagen bilden sich 2 - 3 mm große Sprossen. Vor Verwendung die Sprossen mit kaltem Wasser abspülen. Die Zwiebeln schälen und in hauchdünne Ringe schneiden. Die Frühlingszwiebeln waschen und in feine Streifen schneiden. Die Linsensprossen mit den Zwiebelringen, den Frühlingszwiebeln und den gehackten Walnußkernen mischen. Die Grapefruits filieren, das heißt so schälen, daß keine weiße Haut mehr an den einzelnen Spalten ist, diese dann aus der Haut herausschälen, den austretenden Saft dabei auffangen. Die Fruchtfilets unter den Salat mischen. Aus dem Ingweressig, dem Grapefruitsaft, den in feine Streifen geschnittenen Ingwer, Ingwersirup, dem Sesamöl, dem Kümmel und dem Chilipulver eine Salatsauce rühren und über den Sprossensalat gießen. Vorsichtig durchmischen und vor dem Servieren noch mindestens 1 Stunde kalt stellen.

Tip: Linsensprossen gibt es auch fertig zu kaufen.

Abbildung rechts

Ingwer-Essig

100 g frische Ingwerwurzel, 1 Teil Essig-Essenz 25%, 4 Teile Wasser oder: 1 Teil Wasser und 3 Teile, trockener Sherry

Die Ingwerwurzel schälen und kleinschneiden. Mit Essig-Essenz und Wasser ansetzen. Einige Tage ziehen lassen.

Feldsalat mit Feigen und Mozzarella

200 g Feldsalat, 250 g frische Feigen, 200 g Mozzarella. Für die Sauce: 1/4 l Weißwein, 2 EL Essig-Essenz 25%, 3 EL Olivenöl, Salz, schwarzer Pfeffer, 2 TL Zucker, 2 TL scharfer Senf

Den Feldsalat putzen, gut waschen und abtropfen lassen. Die Feigen waschen und achteln. Den Mozzarella in dünne Scheiben schneiden, mit dem Feldsalat und den Feigen auf vier Portionstellern anrichten. Aus dem Wein, der Essig-Essenz, dem Öl, Salz, frisch gemahlenem Pfeffer, dem Zucker und dem Senf eine Sauce rühren. Das Dressing über die Salatportionen gießen und servieren.

Shii-Take-Salat

150 g Tofu, 1/8 l Sojaöl, 2 Knoblauchzehen, 25 g getrocknete Shii-Take-Pilze, 1 rote Paprikaschote, 200 g Feldsalat, 2 - 3 EL Apfel-Essig, 2 EL helle Sojasauce, schwarzer Pfeffer

Den Tofu mit einem Küchentuch trockentupfen. In ca. 1 cm kleine Würfel schneiden. Vom Öl ca. 6 Eßlöffel für die Salatsauce abnehmen. Den Rest in eine Pfanne geben und die geschälten, halbierten Knoblauchzehen darin leicht anbräunen, mit einem Schaumlöffel herausnehmen und auf Küchenpapier abtropfen lassen. Die Pilze putzen, in kaltem Wasser 30 Minuten einweichen, dann ausdrücken und die Stiele entfernen, die Hüte in feine Streifen schneiden. Die Pilze in dem heißen Knoblauchöl braten, ebenfalls herausnehmen und abtropfen lassen. Die Paprikaschote waschen, putzen, entkernen und in Würfel schneiden. Den Feldsalat putzen und mehrmals gründlich waschen, dann trockenschleudern. Den Salat auf vier Teller aufteilen, die Pilze, den Knoblauch und die Paprikawürfel daraufgeben und die Tofuwürfel darüber streuen. Den Essig mit der Sojasauce vermischen und tropfenweise das zurückgestellte Öl darunterrühren.
Die Salatsauce über den Salat träufeln und mit frisch gemahlenem Pfeffer abschmecken.

Exotischer Bohnensalat

250 g grüne Prinzeßbohnen, 1 Glas Sojasprossen, 2 Tomaten, 6 frische Champignons. Für die Sauce: 2 Schalotten, 2 Sardellenfilets, Salz, weißer Pfeffer, 2 EL Weinessig, 3 EL Sojaöl. Zum Garnieren: 1/2 Päckchen Kresse

Die Bohnen putzen und in kochendem Salzwasser 4 Minuten garen. Das Wasser abgießen und die Bohnen kalt abschrecken. Sojasprossen abgießen, waschen, abtropfen lassen und beiseite stellen. Die Tomaten kurz in kochendes Wasser tauchen, die Haut abziehen, vierteln, mit einem Teelöffel entkernen und in Streifen schneiden. Die Champignons putzen und mit dem Gemüsehobel in dünne Scheiben schneiden. Die Bohnen, die Sojasprossen, die Tomaten und die Champignons in eine Schüssel geben und vermischen. Die Schalotten schälen und in Würfel schneiden. Die Sardellenfilets kleinschneiden und mit den Schalotten, Salz, Pfeffer, Essig und Öl vermischen. Die Sauce über den Salat geben und durchmischen, 15 Minuten ziehen lassen. Die Kresse abschneiden, waschen und zum Schluß über den Salat streuen.

Aus Ofen und Pfanne

Gefüllte Kartoffeln

4 Kartoffeln, 1 l Wasser, Salz, 4 Matjesfilets, 1 Zwiebel, weißer Pfeffer, Zucker, Essig, 40 g Butter, 100 g Crème fraîche. Zum Garnieren: 1 Bund Schnittlauch

Die Kartoffeln schälen und in dem Salzwasser fast gar kochen. Abgießen und leicht abkühlen lassen. Die Kartoffeln halbieren und mit einem Kaffeelöffel aushöhlen. Die Matjes in Würfel schneiden. Die Zwiebel schälen und in dünne Scheiben schneiden. Die Zwiebelscheiben mit den Matjeswürfeln mischen, mit frisch gemahlenem Pfeffer, Zucker und etwas Essig abschmecken, kalt stellen. Die Kartoffeln mit der Öffnung nach unten in eine feuerfeste Form legen, die Butter in Flöckchen darauf setzen und unter dem Grill leicht bräunen lassen. Herausnehmen und mit den Matjeswürfeln füllen. Auf eine Platte setzen und auf jede Kartoffel etwas Crème fraîche geben. Den Schnittlauch waschen, in Röllchen schneiden und über die Kartoffeln streuen.

Pastete mit Hähnchenfüllung

5 g getrocknete Chinapilze, 2 Schalotten, 2 EL Margarine, 1 große grüne Paprikaschote, 2 große Hähnchenbrustfilets, 2 EL Margarine, Salz, weißer Pfeffer, 150 g Kräuter-Frischkäse, 3 EL Sherry, 4 Scheiben Ananas aus der Dose, 4 fertige Blätterteig-Pasteten. Zum Garnieren: 8 Limonen- oder Zitronenscheiben

Die Chinapilze in Wasser einweichen. Die Schalotten schälen und in dünne Scheiben schneiden. Die Margarine in einem Topf erhitzen und die Schalottenscheiben darin andünsten. Die Paprikaschote waschen, putzen, halbieren, entkernen und in Streifen schneiden. Die Paprikaschotenstreifen und die ausgedrückten Chinapilze zu den Schalotten geben und 5 Minuten mitdünsten. Das Hähnchenfilet waschen, trockentupfen und in dünne Streifen schneiden. Die Margarine in einer zweiten Pfanne erhitzen und die Hähnchenstreifen unter häufigem Wenden durchbraten. Mit Salz und frisch gemahlenem Pfeffer abschmecken. Den Frischkäse und den Sherry unterrühren, dann das Gemüse dazugeben. Die Ananasscheiben in Stücke schneiden und ebenfalls hinzufügen, nochmals erhitzen. Die Masse in die Pasteten füllen, und im Backofen unter dem Grill einige Minuten überbacken. Die Pasteten auf Vorspeisenteller setzen, etwas von der Füllung daneben geben und mit je zwei Limonen- oder Zitronenscheiben garnieren. *Abbildung Seite 85*

Kartoffelplätzchen mit Kaviar

250 g rohe Kartoffeln, 1 kleine Zwiebel, Salz, 1 Ei, 1 TL Mehl. Zum Ausbacken: Pflanzenfett oder Öl. Außerdem: 150 g Crème fraîche, 1 Glas Deutscher oder Russischer Kaviar (100 g)

Die Kartoffeln schälen, reiben und etwas ausdrücken. Die Zwiebel schälen und ebenfalls reiben. Alles in eine Schüssel geben. Dann mit

Salz, dem Ei und dem Mehl zu einem Teig verarbeiten. Das Fett in der Pfanne erhitzen und kleine, knusprige Kartoffelplätzchen ausbacken.

Die Kartoffelplätzchen auf einem Teller anrichten, auf jedes Plätzchen 1 Eßlöffel Crème fraîche geben, mit 1 Teelöffel Kaviar garnieren und heiß servieren.

Gegrillte Austernpilze auf zartem Sommersalat

Für den Salat: 1 Lollo bianco oder 1 kleiner Kopfsalat, 1 junge Karotte, 1 kleine Zucchini, 400 g kleine Austernpilze, 2 EL Olivenöl, 20 g Butter, Zitronenpfeffer, Salz. Für die Marinade: 5 EL Olivenöl, 5 TL Zitronensaft, Salz, schwarzer Pfeffer. Zum Garnieren: Kapuzinerkresseblüten und Blätter, Schnittlauchspitzen

Den Salat putzen, waschen und trockentupfen. Die Karotte schälen und in dünne, schräge Scheiben hobeln. Die Zucchini waschen, putzen und in Scheiben schneiden. Die Austernpilze vom Strunk schneiden, putzen oder eventuell mit etwas Küchenpapier abreiben. Die Unterseite der Pilze mit etwas Olivenöl einpinseln. Die Oberseite der Pilze mit kleinen Butterflöckchen belegen, würzen und in eine Pfanne legen, 3 - 5 Minuten garen, bis die Butter flüssig ist. Die Pilze nicht wenden. Den Salat auf vier Teller verteilen. Aus dem Öl, dem Zitronansaft, Salz und frisch gemahlenem Pfeffer eine Marinade rühren und über den Salat träufeln. Die Austernpilze noch warm auf dem Salat anrichten. Die Pilze mit gewaschener und abgetropfter Kapuzinerkresse und Schnittlauchspitzen garnieren. Dazu Butterbaguette servieren.

Lauchtarte

(für 6 Personen)

1 Packung tiefgefrorener Blätterteig (300 g). Für den Belag: 1 kg Lauch, 150 g durchwachsener Speck, 200 g Kaffeesahne oder saure Sahne, 4 Eier, Salz, schwarzer Pfeffer, geriebene Muskatnuß. Für die Form: 1 EL Butter

Den Blätterteig nach Vorschrift auftauen lassen. Den Lauch putzen, in Ringe schneiden und gründlich waschen, dann abtropfen lassen. Den Speck würfeln und in einer Pfanne auslassen, die Lauchringe dazugeben und 15 Minuten dünsten. Den Lauch etwas abkühlen lassen. Danach die Sahne und die Eier unter den Lauch rühren. Mit Salz, frisch gemahlenem Pfeffer und Muskatnuß abschmecken. Den Blätterteig aufeinander legen und auswellen, dann in eine gebutterte Tarte- oder Springform von 27 cm Durchmesser legen. Die Ränder gut hochdrücken. Mit einer Gabel mehrere Male den Teigboden einstechen. Die Lauchmasse auf den Teig geben und verteilen. Den Backofen auf 250 Grad C vorheizen und die Lauchtorte 30 - 40 Minuten backen. *Abbildung rechts*

Kartoffelpuffer nordische Art

250 g rohe Kartoffeln, 1 kleine Zwiebel, Salz, 1 Ei, 1 TL Mehl. Zum Ausbacken: Pflanzenfett oder Öl. Außerdem: 150 g Crème fraîche, 4 Scheiben geräucherter Lachs, schwarzer Pfeffer

Die Kartoffeln schälen, reiben und etwas ausdrücken. Die Zwiebel schälen und ebenfalls reiben. Alles in eine Schüssel geben und mit Salz, dem Ei und dem Mehl zu einem Teig verarbeiten. Das Fett in der Pfanne erhitzen und handtellergroße, knusprige Puffer ausbacken. Die Puffer auf Tellern anrichten und auf jeden einen Eßlöffel Crème fraîche geben. Eine Lachsscheibe obenauf legen, mit frisch gemahlenem Pfeffer überstreuen und heiß servieren.

Zwiebelstrudel

(für 6 Personen)

Für den Strudelteig: 300 g Mehl, 2 EL ÖL, 1 Ei, 1 Prise Salz, 1/8 l Wasser. Für die Füllung: 500 g Gemüsezwiebeln, 100 g durchwachsener geräucherter Speck, 50 g Schweineschmalz, 2 EL Mehl, Salz, 1/8 l Rindfleischbrühe, 4 EL Essig, schwarzer Pfeffer, 1 EL brauner Zucker. Zum Bestreichen: 1 Eigelb, 3 EL Milch

Für den Teig das Mehl auf ein Backbrett sieben und eine Mulde drükken. Die übrigen Zutaten in die Mulde geben und alles zu einem glatten Teig verarbeiten. Den Teigklumpen einige Dutzend Male fest auf das Brett schlagen. Dann 1 Stunde ruhen lassen. Für die Füllung in der Zwischenzeit die Zwiebeln schälen und in Ringe schneiden. Den Speck fein würfeln. Das Schmalz in einen großen Topf geben und den Speck darin auslassen. Das vorbereitete Gemüse und das Mehl hinzugeben, salzen und unter Rühren 12 Minuten garen. Die Rindfleischbrühe dazugießen und weitere 12 Minuten dünsten, hin und wieder umrühren. Mit dem Essig, frisch gemahlenem Pfeffer und dem Zucker abschmekken, dann abkühlen lassen. Den Teig möglichst dünn ausrollen und auf ein bemehltes Küchentuch legen. Dann unter die Mitte des Teiges mit beiden Händen, die Handrücken nach oben, greifen und mit gespreizten Fingern von der Mitte aus nach allen Seiten ausziehen, bis er papierdünn ist. Die Füllung auf dem Teig verteilen, so daß ringsum ein Rand von 2 cm frei bleibt. Das Geschirrtuch leicht anheben und den Teig von der Längsseite her locker zusammenrollen. Die Teigenden zusammendrücken und unter den Strudel schieben. Ein Backblech mit Backpapier auslegen und den Strudel mit der Naht nach unten auf das Blech legen. Eigelbe mit der Milch verrühren und den Strudel damit bestreichen. Die Oberfläche mehrfach mit der Gabel einstechen. Den Backofen auf 200 Grad C vorheizen und den Strudel 35 - 40 Minuten backen.

Schinken-Käse-Krüstchen

8 kleine Scheiben Baguette, 20 g Butter, 1 Scheibe gekochter Schinken (50 g), 1 EL Schnittlauchröllchen, 50 g mittelalter Gouda

Die Brotscheiben mit Butter bestreichen. Den Schinken sehr fein würfeln und mit den Schnittlauchröllchen mischen. Den Käse reiben. Die Mischung auf die Brotscheiben geben und mit dem Käse bestreuen. Den Grill vorheizen und im heißen Backofen 3 - 4 Minuten überkrusten.

Crostini mit Zucchinipaste

1 Zucchini (150 g), 1 Knoblauchzehe, 2 EL Crème fraîche, Salz, schwarzer Pfeffer, 50 g gekochter Schinken, 8 Scheiben Baguette

Zucchini und Knoblauchzehe schälen, in einem Mixer mit der Crème fraîche pürieren. Mit Salz und frisch gemahlenem Pfeffer abschmecken. Den Schinken fein würfeln und unter die Zucchinipaste mischen. Die Weißbrotscheiben von beiden Seiten toasten. Die Zucchinipaste auf die Scheiben streichen und unter dem vorgeheizten Grill überbacken.

Crostini mit Basilikumbutter

50 g Butter, 1 Knoblauchzehe, 1 Bund Basilikum, Salz, schwarzer Pfeffer, 8 Scheiben Baguette

Butter mit der geschälten und zerdrückten Knoblauchzehe mischen. Das Basilikum waschen, fein hacken und mit der Butter verrühren. Mit Salz und frisch gemahlenem Pfeffer abschmecken. Die Brotscheiben beidseitig toasten und mit der Basilikumbutter bestrichen sofort servieren.

Rezept-verzeichnis

Bildnachweis:

Umschlagfoto:
SURIUS-Bildagentur, Künzelsau

Innenteil:
Atelier Frisch - CBT-Hollandgemüse S. 21
Bresso S. 85
IPR & O - Outspan S. 77
Komplett-Büro: Alpensahne S. 89 - Austernpilze S. 49 - Carmel S. 17 - Eschenbach Porzellan S. 33 - Kalifornische Rosinen S. 45 - USA-Sonnenblumenkerne S. 44
Gesellschaft für Europäische Kommunikation:
Aalborg Jubiläums Aquavit S. 65
KRAFT GmbH - Miracoli S. 61
Maggi Kochstudio S. 25, 57
Milkana S. 41
Molkerei Müller S. 36, 53
MPR Dr. Muth - Informationsbüro Sherry S. 13, 69, 73 - Sojaöl S. 37
prhh Publicrelations - Essig-Essenz S. 81
Ringpress: Leistungsgemeinschaft Deutscher Hähnchenerzeuger S. 16
Ringpress CMA S. 29